쉽게 익히는 프랑스어 회화

김 선 미 지음

신아사

머리말

외국어를 배우는 목적은 무엇보다 해당 외국어를 쓰는 사람들과의 원만한 의사소통이다. 이른바 지구촌 시대를 살고 있는 오늘날, 온전한 지구인이 되기 위해서는 이제 한 가지 이상의 외국어 구사능력이 선택이 아니라 필수가 된 느낌이다. 어쩌면 지금의 세대가 모국어와 외국어의 구분이 점차 무색해져가는 시대에 접어들었는지도 모르겠다. 그래서 이제는 외국어를 단지 외국어로 대할 것이 아니라, 체득하여야 할 또 하나의 언어로 받아들이는 것이 좀 더 적극적이고 앞서가는 사람의 자세가 아닐까?

하지만 외국어의 학습은 대개의 경우 모국어처럼 일상 가운데 자연스럽게 사람들과의 접촉을 통해 이루어지는 것이 아니라 특별한 학습공간이나 기재를 통해 작위적으로 이루어지기 때문에, 꽤 많은 시간 공들여 배우더라도 막상 실생활에서 이를 사용해야할 상황에 처하면 제대로 의사소통이 어려운 경우가 많다. 그래서 프랑스어를 가르치는 입장에서 볼 때 늘 고심되는 점은 어떻게 하면 학생들로 하여금 좀 더 현실적이고 리얼한 상황에 놓인 것처럼 느낄 수 있도록 할 것인가 하는 점이다. 본서는 바로 이런 문제에 대한 응답의 의도로 집필되었으며, 다음과 같은 내용으로 구성되어 있다.

제1부 "기본 대화"에서는 우리가 처음 프랑스어를 쓰는 사람들과 마주했을 때 가질 수 있는 어색함을 피하고 자연스럽게 친밀한 분위기를 만들기 위해 꼭 필요한 인사하기, 자신을 소개하기, 국적 · 직업 묻기, 친구 묘사하기, 시간과 날씨 묻기 등 몇 가지 초보적인 대화들을 숙지할 수 있도록 엮었고,

제2부 "상황별 대화"에서는 학교생활과 관련된 상황, 위치 · 방향의 설명과 관련된 상황, 상점의 이용과 관련된 상황, 서비스 기관의 이용과 관련된 상황, 여행과 관련된 상황, 문화생활 · 소식과 관련된 상황 등 6가지 테마별 상황에서 벌어질 수 있는 대화의 내용들을 실었다.

제3부 "문법정리"에서는 1부와 2부를 학습하면서 꼭 필요한 문법들을 그때그때 참고할 수 있도록 간단명료하게 정리하여 수록하였다.

좀 더 심화된 표현이나 관련된 단어의 습득을 원하는 학습자들을 위해서는 각 단원마다 "더불어 알아두기"를 두어 참고할 수 있도록 하였으며, 또 "대화를 만들어보자"라는 코너를 만들어 친구나 선생님과 함께 역할을 분담하여 연습할 수 있게 하였다. 이들과 함께 꾸준히 대화를 만들어 응용하다보면 어느새 프랑스어 회화실력이 향상된 자신의 모습을 만날 수 있으리라 기대한다.

이 책은 프랑스어 문법을 어느 정도 익힌 초·중급의 학습자들을 그 주된 대상으로 하고 있지만, 프랑스어를 처음 대하는 왕초보자들도 문법공부의 무미건조함을 피하기 위해 병용할 수 있으라고 생각한다. 모쪼록 프랑스어를 학습하는 모든 사람들에게 이 책이 유용하게 활용될 수 있기를 바라며, 이를 가능하게 해주신 도서출판 신아사의 정현걸 사장님께 감사드린다.

지은이 김선미

쉽게 익히는 프랑스어 회화

차례

I. 기본 대화

1 Salut! Ça va ?

✓ Situation 1

A : Salut, Paul. Ça va?
B : Ça va! Et toi?
A : Ça va. Salut!
B : Salut!

A : 안녕, 폴. 잘 지내니?
B : 잘 지내! 너는?
A : 잘 지내. 잘 가!
B : 잘 가!

[단어장]

salut : 만나거나 헤어질 때의 인사
ça : 그것, 이것
aller bien : 잘 지내다
et : 그리고
toi : 너는 (2인칭 대명사 강세형)

✓ Situation 2

A : Tiens, comment ça va?
B : Bien, merci. Et toi?
A : Pas mal. A tout à l'heure.
B : A tout à l'heure.

A : 어, 잘 지내니?
B : 잘 지내, 고마워. 너는?
A : 나쁘지 않아. 조금 후에 봐.
B : 조금 후에 봐.

[단어장]

tiens : (놀람) 아니, 어, 앗, 저런
comment : 어떻게
bien : 잘 , 훌륭하게

merci : 감사합니다
pas mal : 나쁘지 않은
A tout à l'heure. : 조금 후에 봅시다.

✓ Situation 3

A : Bonjour, madame!
B : Bonjour, monsieur! Vous allez bien?
A : Oui, je vais très bien, merci. Et vous?
B : Moi aussi, je vais bien, merci. Au revoir, monsieur!
A : Au revoir, madame! A bientôt!

A : 안녕하세요!
B : 안녕하세요! 잘 지내십니까?
A : 네, 아주 잘 지냅니다, 고마워요. 당신은요?
B : 나 역시 잘 지냅니다, 고마워요. 안녕히 가세요!
A : 안녕히 가세요! 곧 다시 봅시다!

[단어장]

madame : 부인
monsieur : 선생님, … 씨
aussi : 역시, 또한

Au revoir. : 안녕히 가세요.
A bientôt. : 곧 다시 만납시다.

[더불어 알아두자]

⊃ 안부인사 묻기

- Comment allez-vous?/Vous allez bien? 잘 지내시지요?
- Comment vas-tu?/Tu vas bien?/(Comment) ça va? 잘 지내니?

⊃ 안부인사 대답

- Je vais (très) bien, merci. 잘 지내요, 고마워요.
- (Très) bien. 잘 지내요.

- Ça va (très) bien. 잘 지내요.
- Pas mal. 나쁘지 않아요.
- Ça va mal!/Ça ne va pas! 잘 못 지내요.
- Comme ci comme ça. 그럭저럭 지내요.

➲ 헤어질 때 쓰는 인사표현

- A tout à l'heure! 조금 후에 봐요!
- A tout de suite! 잠시 후에 봐요!
- A bientôt! 곧 다시 만나요!
- A plus tard! 나중에 만나요!
- A demain! 내일 봐요!
- A lundi (mardi, mercredi, jeudi, vendredi, samedi, dimanche)!
  월요일 (화요일, 수요일, 목요일, 금요일, 토요일, 일요일)에 봐요!
- Adieu! (오랜 이별을 할 때 쓰는 작별인사 표현) 안녕히 가세요!

➲ 그 외 다른 인사표현

➾ 명사 앞에 bon/bonne 형용사를 붙여서 간단하게 인사를 만들 수 있다.

- Bon week-end! 좋은 주말 보내세요!
- Bonne journée! 좋은 하루 보내세요!
- Bon après-midi! 좋은 오후 보내세요!
- Bonne soirée! 좋은 저녁 보내세요!
- Bonne nuit! 안녕히 주무세요!
- Bon voyage! 좋은 여행 되세요!
- Bonnes vacances! 좋은 방학 되세요!
- Bon courage! 용기를 내세요!
- Bonne chance! 행운을 빌어요!
- Bonne année! 새해 복 많이 받으세요!
- Bon anniversaire!/Joyeux anniversaire! 생일 축하드려요!
- Enchanté(e)! (다른 사람을 소개 받았을 때 쓰는 인사표현) 반갑습니다.

➲ 고마움 표현

- Merci (bien/beaucoup). (대단히) 감사합니다.

➾ De rien.
Pas de quoi.
Je vous en prie./Je t'en prie.
Ce n'est rien.
} 괜찮습니다, 뭘요.

➲ 미안함과 사과 표현

- Pardon!
Excusez-moi!/Excuse-moi! } 미안합니다.
- (Je suis) désolé(e)!
Je regrette. } 유감스럽게 생각합니다.

➲ 동의(승낙) 표현

- Oui! 네!
- (Je suis) d'accord! 좋습니다! (동감이예요)
- (C'est une) bonne idée! 좋은 생각이예요.

➲ 거절 표현

- Non! 아니요
- Pas question! 생각할 수 없는 일이예요.
- Je ne suis pas d'accord! 찬성하지 않아요!

2 Comment t'appelles-tu?

Situation 1

A : Bonjour. Je suis française. Je suis de Paris.
B : Moi, je suis coréenne. Je suis de Séoul.
A : Comment t'appelles-tu?
B : Je m'appelle Sojin. Et toi?
A : Moi, je m'appelle Marie.
B : Marie comment?
A : Marie Dupont.

A : 안녕. 나는 프랑스인이야. 나는 파리 출신이야.
B : 나는 한국인이야. 나는 서울 출신이야.
A : 이름이 뭐니?
B : 내 이름은 소진이야. 너는?
A : 내 이름은 마리야.
B : 마리 뭔데?
A : 마리 뒤퐁.

[단어장]

être : 이다
français(e) : 프랑스 사람
être de + 장소 : …출신이다
moi : 나는 (1인칭 강세형인칭대명사)
coréen(ne) : 한국 사람
comment : 어떻게, 어떤 방법으로
s'appeler : 자신을 무엇이라 부르다, 이름이 무엇이다
et : 그리고

✓ Situation 2

A : Vous êtes canadienne?
B : Non, je suis anglaise. Et vous?
A : Je suis belge. Où habitez-vous?
B : J'habite à Paris. Et vous?
A : J'habite aussi à Paris.

A : 당신은 캐나다 사람인가요?
B : 아니요, 저는 영국 사람이에요. 당신은요?
A : 저는 벨기에 사람이에요. 어디 사세요?
B : 파리에 삽니다. 당신은요?
A : 저도 파리에 삽니다.

[단어장]

vous : 당신이 (2인칭 복수 인칭대명사)
canadien(ne) : 캐나다 사람
non : 아니요
anglais(e) : 영국 사람
vous : 당신은 (2인칭 복수 강세형 인칭대명사)
belg(e) : 벨기에 사람
où : 어디(에)
habiter : 살다, 거주하다
à + 장소 : 어디에
aussi : 또한

✓ Situation 3

A : Salut! Tu es japonais?
B : Non, je suis chinois.
A : Tu es d'où?
B : De Beijing. Tu parles anglais?
A : Non, je parle allemand. Je suis allemande. Je suis de Berlin.
B : Tu habites où?
A : J'habite Paris.

A : 안녕! 너는 일본 사람이니?
B : 아니, 나는 중국 사람이야.
A : 너는 어디 출신이니?
B : 베이징. 너 영어할 줄 아니?
A : 아니, 독일어 할 줄 알아. 나는 독일 사람이야. 베를린 출신이야.
B : 어디 사는데?
A : 파리에 살아.

[단어장]

japonais(e) : 일본 사람
chinois(e) : 중국 사람
être d'où? : 어디 출신이니?
parler : 말하다
l'anglais : 영어
l'allemand : 독일어
allemand(e) : 독일 사람

[더불어 알아두자]

⊃ 이름 묻기와 대답

- Comment vous appelez-vous?/Vous vous appelez comment? 당신 이름은 무엇입니까?
- Comment t'appelles-tu?/Tu t'appelles comment? 너의 이름은 무엇이니?
- Quel est votre nom (prénom)?/C'est quoi ton nom (prénom)?
  당신의 성(이름)은 무엇입니까?
  → Je m'appelle Olivier. Mon prénom est Olivier. 내 이름은 올리비에야.
- Comment s'écrit votre nom? 네 이름은 어떻게 쓰니?
  → Ça s'écrit O-L-I-V-I-E-R.
- Épelez votre nom, s'il vous plaît. 당신의 이름 철자를 불러주시겠습니까?
- Voulez-vous épeler votre nom? 당신의 이름 철자를 불러주시겠습니까?
  → J'épelle A, deux N, E.

⊃ 본인 소개

- Je me présente. 저를 소개하겠습니다.
- Je m'appelle Henri. 제 이름은 앙리입니다.

⊃ 제3자를 소개

- C'est Pierre. 삐에르입니다.
- C'est un ami. 친구입니다.
- Voilà mon ami Paul. 제 친구 폴입니다.

- Je vous (te) présente Marie. 마리를 소개합니다.

➲ 제3자에 대해 묻고자 할 때

- Comment s'appelle-t-elle ?/Elle s'appelle comment ? 그녀의 이름은 무엇입니까?
- Qui est-ce?/C'est qui?/Qui c'est? 저 사람 누구예요?
  → C'est Paul. 뽈입니다.

➲ 나라명과 국적

나라	국적(남자)	국적(여자)	
Algérie	Algérien	Algérien(ne)	알제리
Allemagne	Allemand	Allemand(e)	독일
Angleterre	Anglais	Anglais(e)	영국
Argentine	Argentin	Argentin(e)	아르헨티나
Australie	Australien	Australien(ne)	호주
Autriche	Autrichien	Autrichien(ne)	오스트리아
Belgique	Belge	Belge	벨기에
Brésil	Brésilien	Brésilien(ne)	브라질
Canada	Canadien	Canadien(ne)	카나다
Chili	Chilien	Chilien(ne)	칠레
Chine	Chinois	Chinois(e)	중국
Corée Corée du Sud Corée du Nord	Coréen (sud-coréen) (nord-coréen)	Coréen(ne) (sud-coréenne) (nord-coréenne)	한국 남한 북한
Danemark	Danois	Danois(e)	덴마크
Espagne	Espagnol	Espagnole	스페인
Etats-unis	Américain	Américain(e)	미국
France	Français	Française	프랑스
Finlande	Finlandais	Finlandaise	핀란드
Grèce	Grec	Grec(que)	그리스
Italie	Italien	Italien(ne)	이탈리아
Japon	Japonais	Japonais(e)	일본

Mexique	Mexicain	Mexicain(e)	멕시코
Pays-Bas	Hollandais	Hollandais(e)	네델란드
Pologne	Polonais	Polonais(e)	폴란드
Portugal	Portugais	Portugais(e)	포루투칼
Russie	Russe	Russe	러시아
Suède	Suédois	Suédois(e)	스웨덴
Suisse	Suisse	Suisse	스위스
Turquie	Turc	Tur(que)	터어키

➲ 국적 묻기와 대답

- Quelle est votre nationalité? 당신의 국적이 무엇입니까?
- Vous êtes de quelle nationalité? 어느 나라 출신입니까?
- D'où venez-vous? 어느 나라 출신입니까?
- Vous venez de quel pays? 어느 나라 출신입니까?

→ J'ai la nationalité coréenne. 나는 한국 국적을 갖고 있습니다.
Je suis coréen(ne). 나는 한국 사람입니다.
Je viens de (la) Corée du Sud. 나는 한국출신입니다.

3 Je suis étudiante.

✓ Situation 1

A : Bonjour, je me présente. Je m'appelle Sylvie. Je suis française. Et je suis étudiante.
B : Moi, je suis Robert. Je suis américain. Je suis journaliste.
A : Quelles langues parles-tu?
B : Je parle bien anglais et français. Je parle un peu coréen. Et toi?
A : Je parle bien français et anglais comme toi. Mais je ne parle pas coréen.

A : 안녕, 내 소개를 할께. 내 이름은 실비야. 나는 프랑스인이야. 그리고 학생이야.
B : 나는 로버트야. 나는 미국인이고 신문기자야.
A : 너는 어떤 언어를 할 줄 아니?
B : 나는 영어와 프랑스어를 잘 해. 한국어는 조금 해. 너는?
A : 나는 너처럼 프랑스어와 영어를 잘 해. 하지만 한국어는 못해.

[단어장]

se présenter : 자기를 소개하다
étudiant(e) : 학생
américain(e) : 미국 사람
journaliste : 신문기자
quel(le) : 어느, 어떤, 무슨 (의문형용사)
la langue : 언어
parler : 말하다
bien : 잘
l'anglais : 영어
le français : 프랑스어
un peu : 약간
le coréen : 한국어
comme : …처럼
mais : 그러나

✓ Situation 2

A : Bonjour.
B : Bonjour.

A : Vous êtes monsieur ...
B : Je suis Jean-Pierre.
A : Qu'est-ce que vous faites dans la vie?
B : Je suis professeur de musique. Et vous, vous êtes architecte?
A : Non, je suis peintre.

A : 안녕하세요.
B : 안녕하세요.
A : 당신은…
B : 나는 장-삐에르예요.
A : 당신 직업이 무엇인가요?
B : 나는 음악교수예요. 그런데 당신은 건축가인가요?
A : 아니요, 나는 화가예요.

[단어장]

qu'est-ce que : 무엇 (사물에 대한 의문사)
faire : (직업으로서) 하다
dans : … 안에
la vie : 인생
professeur : 교사, 교수
de : … 의
la musique : 음악
architecte : 건축가
peintre : 화가

✓ Situation 3

A : Qui est-ce?
B : C'est Michael Jackson. Il est chanteur. Il est américain. Il habite LA.
A : Tu aimes ce chanteur?
B : Oui. J'adore ses chansons. Il chante très bien. Et toi?
A : Moi, non. J'aime beaucoup Sophie Marceau.
B : Elle est aussi chanteuse?
A : Non, elle est l'actrice française. Elle joue très bien.

A : 누구니?
B : 마이클 잭슨이야. 그는 가수야. 미국 사람이고, LA에 살아.

A : 너는 이 가수를 좋아하니?
B : 응. 나는 그의 노래들을 아주 좋아해. 그는 노래를 아주 잘해. 너는?
A : 나는 아니야. 나는 소피마르소를 좋아해.
B : 그녀 역시 가수니?
A : 아니야, 그녀는 프랑스 배우야. 그녀는 연기를 아주 잘해.

[단어장]

Qui est-ce? : 저사람 누구예요?
C'est + 사람 : 그 사람은 … 이다
chanteur(se) : 가수
aimer : 좋아하다
ce(cette) : 이, 그 (지시형용사)
adorer : 열렬히 좋아하다

ses : 그(그녀)의 (소유형용사)
chanter : 노래하다
acteur(trice) : 배우
français(e) : 프랑스의
jouer : (배우가) 연기를 하다

[더불어 알아두자]

➲ 직업 묻기와 대답

- Quelle est votre profession?
- Quel est votre métier?
- Qu'est-ce que vous faites (dans la vie)? (완곡한 표현)
- Qu'est-ce que vous faites comme métier?

} 당신의 직업이 무엇입니까?

→ Je suis étudiant(e). 학생입니다.
→ Je suis employé(e) dans une société. 회사의 사무원입니다.

➲ 직업 관련 단어

➾ 남성과 여성으로 구분되는 직업명

남성	여성	
acteur	actrice	배우
chanteur	chanteuse	가수
coiffeur	coiffeuse	미용사
commerçant	commerçante	상인
cuisinier	cuisinière	요리사
danseur	danseuse	무용수
éditeur	éditrice	편집자

employé	employée	사무원
facteur	factrice	우체부
fermier	fermière	농부
hôte de l'air	hôtesse de l'air	스튜어디스
hôtelier	hôtelière	호텔 경영자
infirmier	infirmière	간호원
informaticien	informaticienne	컴퓨터 엔지니어
instituteur	institutrice	초등교사
maître d'hôtel	maîtresse d'hôtel	호텔 지배인
musicien	musicienne	음악가
ouvrier	ouvrière	노동자
pâtissier	pâtissière	과자제조업자
président	présidente	회장
réalisateur	réalisatrice	영화감독
restaurateur	restauratrice	식당주인
retraité	retraitée	정년퇴직자
serveur	serveuse	웨이터/웨이트리스
traducteur	traductrice	번역가
vendeur	vendeuse	상인

➾ 기타 직업명

agent de police/policier 경찰	journaliste 기자
agent immobilier 부동산 소개업자	maire 시장
architecte 건축가	médecin 의사
chauffeur 운전수	militaire 군인
cinéaste 영화인	pasteur/prêtre 목사(신부)
docteur 박사	peintre 화가
douanier 세관원	photographe 사진작가
écrivain 작가	pianiste 피아니스트
entrepreneur 기업인	pilote 파이로트
femme de ménage 가정부	poète 시인
fleuriste 꽃장수	professeur 교수
fonctionnaire 공무원	secrétaire 비서
guide 안내원	stagiaire 연수생
ingénieur 기사	violoniste 바이올리니스트
interprète 통역사	

➲ 언어명

l'allemand	독일어	l'italien	이탈리아어
l'anglais	영어	l'hollandais	네델란드어
l'algérien	알제리어	le portugais	포르투칼어
l'arabe	아랍어	le russe	러시아어
le polonais	폴란드어	le coréen	한국어
l'espagnol	스페인어	l'hindi	인도어
le français	프랑스어	le japonais	일본어
le grec	그리스어	le chinois	중국어
le turc	터어키어		

4 Elle est grande et blonde.

✓ Situation 1

A : Regarde! Elle est grande et blonde.
B : Oui, c'est vrai. Moi, je suis petite. Ma petite soeur est beaucoup plus grande que moi.
A : Tu n'es ni petite ni grande, à mon avis. En plus, tu es très jolie.
B : Tu es gentil. Toi, tu es grand et brun. Et tu es très sympathique.
A : Merci.

A : 저기 봐! 그녀는 키가 크고 금발머리야.
B : 그래, 맞네. 나는 키가 작아. 내 여동생이 나보다 훨씬 더 키가 커.
A : 내 생각에 너는 작지도 크지도 않아. 게다가 너는 아주 귀여워.
B : 친절하네(고마워). 너는 키도 크고 갈색머리를 가지고 있어. 그리고 너는 아주 다정다감해.
A : 고마워.

[단어장]

Regarde! : 봐! (regarder 동사의 2인칭 단수 명령형)
grand(e) : (키가) 큰
blond(e) : 금발의
C'est vrai. : 맞다, 그렇다.
petit(e) : (키가) 작은
ma : 나의 (소유형용사)
petite soeur : 여동생
plus ~ que : …보다 더 (우등비교)
ne ~ ni ~ ni : …도 …도 아니다
à mon avis : 내 생각에는
en plus : 게다가, 덤으로
joli(e) : 예쁜, 귀여운
gentil(le) : 친절한
brun(e) : 갈색의
sympathique : 호의적인

✓ Situation 2

A : Ton ami, il est comment?
B : Il est grand. Il a les cheveux bruns et le visage long. Il est beau!

A : Ah bon! Et l'amie de Paul, elle est comment?
B : Elle est petite. Mais elle est belle. Elle a les cheveux courts et le visage ovale.
A : Elle est aimable?
B : Oui, elle est très adorable et en plus, très intélligente.

A : 네 남자친구는 어떠니?
B : 그는 키가 커. 갈색머리에 긴 얼굴형을 가졌어. 그는 잘 생겼어!
A : 그래! 그리고 뽈의 여자 친구, 그녀는 어떠니?
B : 그녀는 키가 작아. 그런데 그녀는 아주 예뻐. 짧은 머리에 계란형 얼굴을 가지고 있어.
A : 그녀는 사랑스럽니?
B : 응, 그녀는 아주 사랑스럽고 게다가 아주 똑똑해.

[단어장]

ton : 너의 (소유형용사)
comment : 어떻게
avoir : 가지다, 소유하다
les cheveux : 머리털
le visage : 얼굴
long(ue) : 긴
beau (belle) : 멋진, 아름다운, 예쁜

Ah bon! : 그래!
l'amie : 여자친구
court(e) : (길이가) 짧은
ovale : 달걀 모양의, 타원형의
aimable : 사랑스러운
adorable : 사랑스러운, 귀여운
intélligent(e) : 똑똑한

✓ Situation 3

A : Bonjour, madame.
B : Bonjour. Combien d'enfants avez-vous?
A : J'ai trois enfants : un garçon et deux filles.
B : Ils sont déjà grands?
A : Oui, c'est ça.
B : Quel âge a-t-il, votre fils?
A : Il a 13 ans. Il est collégien. Et vous?
B : Moi, je n'ai pas d'enfant.

A : 안녕하세요, 부인,
B : 안녕하세요. 당신은 몇 명의 아이가 있나요?
A : 세 명의 아이가 있어요. 아들 하나, 딸 둘.
B : 그들은 이미 다 컸나요?
B : 네 그래요.
A : 당신의 아들은 몇 살인가요?
A : 13살이에요. 중학생이지요. 당신은요?
A : 나는 아이가 없어요.

[단어장]

combien de + 명사 : 수량에 관해 물을 때 사용
enfant : 아이
trois : 셋
un garçon : 아들, 소년
une fille : 딸, 소녀
déjà : 이미, 벌써
grande : 성인이 된, 다 자란
C'est ça. : 그렇다.
quel(le) : 어떤, 몇, 무슨 (의문형용사)
un âge : 나이
le fils : 아들
un an : 해, 년
collégien(ne) : 중학생

[더불어 알아두자]

➲ 신체에 관한 묘사

➾ 키와 신체상태 묘사

- Il (elle) est grand(e)/petit(e)/gros(se)/mince/maigre/robuste/costaud(e).
  그(녀)는 키가 크다/작다/뚱뚱하다/날씬하다/말랐다/건장하다/튼튼하다.

➾ 눈 묘사

- Il (elle) a les yeux bleus/noirs/verts.
  그(녀)의 눈은 파란색이다/검은색이다/초록색이다.

➾ 머리 묘사

- Il (elle) a les cheveux longs/courts/bruns/blonds/châtains/frisés.
- 그(녀)는 긴 머리/짧은 머리/갈색 머리/금발/밤색/곱슬 머리이다.

➲ 나이 묻기와 대답

- Quel âge avez-vous (Quel âge as-tu)?/Vous avez quel âge? (나이가 몇입니까?)
  → J'ai 27 ans. 나는 27살이다.

- Il (elle) est jeune/âgé(e). : 그(녀)는 젊다/나이가 많다.

➲ 성격묘사 형용사

actif(ve) 활발한
adorable 매우 사랑스런
aimable 사랑스런
amical(e) 다정한
coquet(te) 깜찍한
cruel(le) 잔인한
discret(ète) 신중한
doux(ce) 부드러운
formidable 굉장히 멋진
gentil(le) 친절한
honnête 정직한
hypocrite 위선적인
idiot(e) 어리석은
indulgent(e) 관대한, 너그러운
jaloux(se) 질투심이 많은
joli(e) 귀여운
méchant(e) 심술궂은, 악독한
oisif(ve) 빈둥거리는, 느긋한
ouvert(e) 개방적인
paresseux(se) 게으른
sage 현명한
sérieux(se) 엄한
sociable 사교적인
spontané(e) 충동적인
sportif(ve) 운동을 좋아하는
têtu(e) 고집스런
travailleur(se) 성실한

➲ 수

- un/une는 성구별이 있다.
- 16까지 외우고 17부터는 수를 조합해서 만든다.
- 21, 31, 41, 51, 61, 71 에만 et가 붙는다.
- 17부터 99까지는 한 몸이다. et를 붙이거나 -를 붙여야 한다.

1	un	11	onze
2	deux	12	douze
3	trois	13	treize
4	quatre	14	quatorze
5	cinq	15	quinze
6	six	16	seize
7	sept	17	dix-sept
8	huit	18	dix-huit
9	neuf	19	dix-neuf
10	dix	20	vingt

✓ sept의 p는 발음되지 않는다.
✓ huit의 h는 유음이다. (연음이나 축약되지 않는다.)
✓ cinq, six, huit, dix는 자음으로 시작하는 단어가 뒤에 이어지면 끝의 자음이 발음되지 않을 수 있다.

21 … 30	vingt et un, vingt-deux … vingt-neuf, trente
31… 40	trente et un, trente-deux … trente-neuf, quarante
41 … 50	quarante et un, quarante-deux … quarante-neuf, cinquante
51 … 60	cinquante et un, cinquante-deux … cinquante-neuf, soixante
61 … 70	soixante et un, soixante-deux … soixante-neuf, soixante-dix
71 … 80	soixante onze, soixante-douze … soixante-dix-neuf, quatre-vingts
81 … 90	quatre-vingt-un, quatre-vingt-deux … quatre-vingt-neuf, quatre-vingt-dix
91 … 99	quatre-vingt-onze, quatre-vingt-douze, … quatre-vingt-dix-neuf
100	cent
101	cent un

✓ 81(91, 101…)부터는 et를 사용하지 않음. : quatre-vingt-onze
✓ 80 quatre-vingts
✓ 81 quatre-vingt-un

➲ 가족

• 손위는 grand(e)(s), 손아래는 petit(e)(s)를 붙인다.
• 결혼에 의해 성립된 관계는 beau(x)/belle(s)를 붙인다.

남성	여성
beau-frère 매형, 처남	belle-soeur 올케, 시누이
cousin 사촌	cousine 여자사촌
fils 아들	fille 딸
frère 오빠, 남동생	soeur 누이, 언니
gendre 사위	belle-fille 며느리
grand-père 할아버지	grand-mère/mami 할머니
mari 남편	femme 아내
neveu 조카	nièce 여자 조카
oncle/tonton 삼촌, 이모부	tante/tata 외숙모, 이모
père/papa 아버지, 아빠	mère/maman 어머니/엄마
petit-ami 연인	petite-amie 연인
petit-fils 손자	petite-fille 손녀

5 Quelle heure est-il?

✓ Situation 1

A : Tu vas où?
B : Je vais au cinéma. Quelle heure est-il?
A : Il est 5 heures dix. Pourquoi?
B : J'ai rendez-vous avec Pierre devant le cinéma.
A : A quelle heure?
B : À cinq heures. Je suis en retard. Au revoir!
A : Au revoir! Bonne soirée.

A : 어디 가니?
B : 영화관에 가. 몇 시니?
A : 다섯 시 십 분이야. 왜?
B : 영화관 앞에서 삐에르와 약속을 했어.
A : 몇 시에?
B : 다섯 시에. 늦었네. 잘 가!
A : 잘 가! 좋은 저녁시간 보내.

[단어장]

aller à : …에 가다
où : 어디에, 어디로 (의문부사)
le cinéma : 영화관
quel(le) : 몇, 어떤, 무슨 (의문형용사)
une heure : 시간

pourquoi : 왜
avoir rendez-vous avec qn : …와 만날 약속이 있다
devant : …앞에(서)
être en retard : 늦다, 지각이다
Bonne soirée. : 좋은 저녁시간 보내세요.

✓ Situation 2

A : Je suis en retard. S'il te plaît, tu as l'heure?
B : Doucement, doucement. Il est 10 heures pile. Tu n'es pas en retard. Tu es à l'heure. Le cours commence un peu tard.

A : À quelle heure?
B : À 10 heures et demie.

A : 나는 늦었어. 미안하지만, 지금 몇 시니?
B : 천천히, 천천히. 정각 열 시야. 너는 늦지 않았어. 너는 정시에 도착했어. 강의가 조금 늦게 시작할 거야.
A : 몇 시에?
B : 열 시 삼십분에.

[단어장]

s'il te plaît : 제발, 부디, 미안하지만
Tu as l'heure? : 지금 몇 시니?
doucement : 조용히, 천천히, 가만히
pile : (시간 표현과 함께) 정확하게
être à l'heure : 정시에 도착하다
le cours : 강의, 수업
commencer : 시작하다
un peu : 약간
tard : 늦게, 나중에

✓ Situation 3

A : Je vais au supermarché. Et toi, tu vas où?
B : Je vais au supermarché, moi aussi. Tu viens avec moi?
A : Avec plaisir. A quelle heure ferme le supermarché?
B : Il ferme à 8 heures du soir. Oh la la! Il est déjà 7 heures.

A : 나는 슈퍼마켓에 가. 너는 어디 가니?
B : 나도 슈퍼마켓에 가. 나와 함께 갈래?
A : 기꺼이. 몇 시에 슈퍼마켓은 문을 닫니?
B : 저녁 8시에 문을 닫아. 오라라! 벌써 7시야.

[단어장]

le supermarché : 슈퍼마켓
moi aussi : 나 역시
venir : 오다 (상대방 쪽으로 가다)
avec : …와 함께
avec plaisir : 기꺼이
fermer : 닫다
8 heures du soir : 저녁 8시
déjà : 이미, 벌써

[더불어 알아두자]

➲ 시간 묻기와 대답

➾ 몇 시 입니까?

- Quelle heure est-il? → Il est sept heures. 7시입니다.
- Il est quelle heure? → Il est trois heures vingt. 3시 20분입니다.
- Vous avez l'heure? → Il est quatre heures moins dix. 10분 전 4시입니다.
  (Tu as l'heure?)

➾ 몇 시에 …을 합니까?

- Il déjeune à quelle heure? 그는 몇 시에 점심식사를 합니까?
  → A midi. 정오에.
- A quelle heure commence le cours de français? 몇 시에 프랑스어 수업이 시작합니까?
  → A neuf heures. 9시에.

➲ 시간 표현

- Quelle heure est-il? 몇 시 입니까?

<table>
<tr><td rowspan="3">Il est</td><td>une</td><td>heure</td><td rowspan="3">cinq. (5분)
et quart/quinze. (15분)
et demie/trente. (반/30분)
moins vingt/quarante. (20분전/40분)
moins cinq/cinquante-cinq. (5분 전/55분)
moins le quart/quarante-cinq. (15분 전/45분)</td></tr>
<tr><td>deux
trois
quatre
cinq
six
sept
huit
neuf
dix
onze</td><td>heures</td></tr>
<tr><td>midi (정오)
minuit (자정)</td><td></td></tr>
</table>

✓ Il est midi et demi. Il est minuit et demi.

➲ 요일/날짜 표현

- Nous sommes quel jours?/On est quel jour? 무슨 요일입니까?

Aujourd'hui, c'est C'est aujourd'hui	lundi. 오늘은 월요일입니다.
	mardi. 오늘은 화요일입니다.
	mercredi. 오늘은 수요일입니다.
	jeudi. 오늘은 목요일입니다.
	vendredi. 오늘은 금요일입니다.
	samedi. 오늘은 토요일입니다.
	dimanche. 오늘은 일요일입니다.

- Quel jours du mois est-ce aujourd'hui?/Le combien est-ce aujourd'hui?
  오늘 몇 월 며칠 입니까?

Aujourd'hui, c'est C'est aujourd'hui	le	premier deux trois quatre . . . . . . trente trente et un	janvier. 오늘은 1월 1일입니다. février. 2월 mars. 3월 avril. 4월 mai. 5월 juin. 6월 juillet. 7월 août. 8월 septembre. 9월 octobre. 10월 novembre. 11월 décembre. 12월

✓ 날짜를 나타낼 때에는 숫자 앞에 le를 붙인다.
✓ 1일에 한하여 순서를 나타내는 서수 premier를 쓰고, 그 이외에는 모두 보통의 수를 사용한다.

6 Quel temps fait-il?

✓ Situation 1

A : Quelle saison aimes-tu?
B : J'aime l'été, parce qu'il fait chaud. Et en été, j'aime nager à la mer.
A : Mais il pleut beaucoup. Ce n'est pas agréable.
B : C'est vrai. Mais j'adore marcher sous la pluie. Et toi?
A : Moi, j'aime beaucoup l'hiver parce qu'il fait froid et il neige beaucoup. J'adore skier à la montagne.

A : 어떤 계절을 좋아하니?
B : 나는 여름을 좋아해. 왜냐하면 덥기 때문이야. 그리고 여름에 나는 바닷가에서 수영하는 것을 좋아해.
A : 그런데 비가 많이 오잖아. 그것은 쾌적하지 않아.
B : 맞아. 그렇지만 나는 빗속을 걷는 것을 아주 좋아해. 너는?
A : 나는 겨울을 아주 좋아해. 왜냐하면 춥고 눈이 많이 내리기 때문이야. 나는 산에서 스키 타는 것을 아주 좋아해.

[단어장]

la saison : 계절
un été : 여름
parce que : 왜냐하면
Il fait chaud. : 날씨가 덥다.
en été : 여름에는
aimer + inf : …하는 것을 좋아하다
nager : 수영하다
la plage : 해변, 바닷가
Il pleut. : 비가 오다 (pleuvoir)
agréable : 유쾌한, 쾌적한
C'est vrai. : 맞다.
adorer + inf : …하는 것을 아주 좋아하다
marcher : 걷다
sous : …아래(에), …속(에)
la pluie : 비
un hiver : 겨울
Il fait froid. : 춥다.
Il neige. : 눈이 내리다. (neiger)
skier : 스키 타다
la montagne : 산

✓ Situation 2

A : Quel temps fait-il, demain?
B : Il va pleuvoir toute la journée. Pourquoi?
A : Je vais jouer au tennis avec mon ami, Luc.
B : Tu peux faire du tennis cet après-midi. Il fait doux et il y a du soleil.
A : Mais, je ne suis pas libre aujourd'hui. Je dois faire mes devoirs de français.

A : 내일 날씨가 어떠니?
B : 하루 종일 비가 올 거야. 왜?
A : 내 친구 뤽과 테니스 치려고.
B : 오늘 오후에 테니스를 칠 수 있을 거야. 날씨가 따뜻하고 해가 날거야.
A : 그런데 오늘 내가 시간이 없어. 프랑스어 숙제를 해야만 하거든.

[단어장]

demain : 내일
aller + inf : 곧 …할 것이다 (근접미래)
pleuvoir : 비가 내리다
toute la journée : 하루 종일
jouer à + 스포츠명 : (운동을) 하다
pouvoir + inf : …을 할 수 있다
faire de + 스포츠명 : (운동 따위를) 하다
cet après-midi : 오늘 오후
Il fait doux. : 날씨가 따뜻하다.
Il y a du soleil. : 해가 나다.
être libre : 자유로운, 한가한
devoir + inf : …을 해야만 하다
faire mes devoirs : 내 숙제를 하다
le français : 프랑스어

[더불어 알아두자]

➲ 날씨 표현

• Quel temps fait-il aujourd'hui? 오늘 날씨가 어떻습니까?

Il fait	beau. 화창하다 mauvais. 나쁘다 bon. 좋다 doux. 따뜻하다 chaud. 덥다 froid. 춥다

	frais. 선선하다 sec. 건조하다 clair. 밝다 sombre. 어둡다
Il fait	du vent. 바람이 불다 du soleil. 햇볕이 나다 du brouillard. 안개가 끼다 de la pluie. 비가 내리다 des nuages. 구름이 끼다
Il fait	jour. 날이 밝아오다 nuit. 날이 저물다
Il fait	20 C°. 20 도다

➲ 계절 표현

- En qulle saison sommes-nous? 무슨 계절인가요?
  →Nous sommes au printemps. 봄입니다.
  →Nous sommes en été. 여름입니다.
  →Nous sommes en automne. 가을입니다.
  →Nous sommes en hiver. 겨울입니다.

➲ 다양한 활동

aller à la mer 바다에 가다
aller à la montagene 산에 가다
aller au cinéna 영화보다
chanter 노래하다
danser 춤추다
faire de la natation 수영하다
faire du ski 스키 타다
jouer au football 축구하다
jouer au tenis = faire du tennis 테니스 치다
jouer du piano 피아노 연주하다
jouer du violon 바이올린 연주하다
lire 읽다
regarder la télévision 텔레비전을 보다
visiter un musée 박물관에 가다
voir un film 영화 보다

voir une exposition 전시회를 관람하다
voyager 여행하다

➲ 좋아하다/싫어하다 표현

➾ 좋아하다

- J'adore.
- J'aime beaucoup.
- J'aime bien.

➾ 싫어하다

- Je n'aime pas.
- Je n'aime pas beaucoup.
- Je n'aime pas du tout.
- Je déteste.

II. 상황별 대화

UNITE 1
학교생활과 관련된 상황

1 La présentation 소개

✓ Situation 1

Professeur : Pour faire connaissance, je demande à chacun de présenter son voisin. Pierre, peux-tu commencer, s'il te plaît?
Pierre : Oui, alors, je vous présente Sunmi. Elle est étudiante coréenne. Elle est très sportive : elle sait jouer au tennis et au golf. Elle aime le cinéma, elle lit beaucoup et ah oui, elle chante très bien!
Professeur : Merci. Et sunmi?
Sunmi : Je vous présente Paul. Il est très grand, a les cheveux blonds et porte des lunettes. Il aime le football et le tennis. Il voyage beaucoup. Il est marié et il a 2 enfants. Il habite dans une maison près de l'université.

교수 : 서로 잘 알고 지내기 위해서 옆에 있는 사람을 소개해주길 부탁해요. 삐에르, 먼저 시작할 수 있겠니?
삐에르 : 네, 저는 여러분께 선미를 소개합니다. 선미는 한국 학생입니다. 그녀는 스포츠를 매우 좋아합니다 : 그녀는 테니스와 골프를 칠 줄 압니다. 영화를 좋아하고, 책을 많이 읽어요, 그리고 아 맞다, 노래도 정말 잘 부른답니다!
교수 : 고맙다. 그리고 선미?
수미 : 저는 여러분께 뽈을 소개할게요. 그는 아주 키가 크고 금발이며 안경을 썼어요. 그는 축구와 테니스를 좋아합니다. 그는 여행을 많이 해요. 그는 결혼을 했고 아이가 둘 있습니다. 그는 대학교 근처에서 살아요.

[단어장]

faire connaissance avec qn : … 을 처음으로 알게 되다
demander à qn de + inf : …에게 …을 요구하다, 부탁하다
présenter qn à qn : …를 …에게 소개하다
voisin(e) : 이웃(사람)
sportif(ve) : 운동의, 운동을 좋아하는
savoir + inf : …할 줄 알다, …할 수 있다
jouer à + 스포츠명 : (놀이, 게임, 경기를) 하다
lire : 읽다
porter : (옷 따위를)입다, 착용하다, (안경, 반지 따위를) 끼다
marié(e) : 결혼한, 기혼의
près de : (공간) …가까이(에)

✓ Situation 2

Anne : Bonjour. Je voudrais te présenter mon nouvel ami.
Stéphan : Ah, avec plaisir. Comment est-il?
A : Il est grand, mesure 1m 88. Il a les cheveux bruns, les yeux verts.
S : Ah, tout à fait, ton style d'homme.
A : Oui, il aime cuisiner, voyager et aller au cinéma.
S : Vous êtes déjà allés au cinéma ensemble?
A : Oui, on a vu un très chouette film.
S : Et que fait-il dans la vie?
A : Il est architecte.
S : Ah, comme ton frère.
A : Oui. C'est grâce à lui que je le connais.
S : Alors, tu me le présentes quand?
A : Le week-end prochain, si tu es libre.

안나 : 안녕. 내 새 남자 친구를 너에게 소개하고 싶어.
스테판 : 아, 기꺼이. 그는 어떠니?
안나 : 그는 키가 커, 1m 88센티미터야. 그는 갈색머리에 눈이 초록색이야.
스테판 : 아, 완전히 네가 원하던 남자 스타일이네.
안나 : 맞아, 그는 요리하고, 여행하고 영화관 가는 걸 좋아해.
스테판 : 너흰 벌써 함께 영화관에 갔었니?
안나 : 응, 우린 굉장히 멋진 영화를 봤어.
스테판 : 그의 직업은 뭐니?
안나 : 건축가야.
스테판 : 아, 네 오빠처럼.

안나 : 응, 오빠 덕분에 그를 알게 되었어.
스테판 : 그럼, 언제 나에게 그를 소개시켜줄 거니?
안나 : 네가 시간이 된다면, 다음 주 주말에.

[단어장]

nouveau [nouvel] (nouvelle) : 새로운, 최신의
avec plaisir : 기꺼이, 즐겁게
mesurer : (키가) …이다
tout à fait : 완전히, 아주
aimer+inf : …하는 것을 좋아하다
chouet(te) : 멋진, 근사한
Que fait-il dans la vie? : 그의 직업이 무엇입니까?
architecte : 건축가, 설계사
comme : …처럼, …와 같이, …와 마찬가지로
grâce à qn : (좋은 일에 대해) …덕분에, 덕택에
connaître : (얼굴, 이름을) 알다
prochain(e) : 다음의
libre : 자유로운, 한가로운

[대화를 만들어보자]

1. Vous présentez votre nouveau voisin à votre amie. Imaginez et jouez le dialogue.
   당신은 새 이웃을 당신의 친구에게 소개시켜줍니다. 상상해보고 역할극을 해보세요.

2. Vous présentez votre famille à vos amis de classe. Imaginez et jouez le dialogue.
   당신은 당신의 가족을 반 친구들에게 소개합니다. 상상해보고 역할극을 해보세요.

[더불어 알아두자]

➲ 성격 묘사 형용사

➾ 일반 성격

bavard(e) 수다스러운
cultivé(e) 교양 있는
drôle 재미있는
généreux(se) 너그러운
nerveux(se) 신경질적인
prudent(e) 신중한
courtois(e) 예절 있는
distrait(e) 산만한
fidèle 충실한, 정숙한
maniaque 집착이 심한
ponctuel(le) 꼼꼼한
réfléchi 생각이 깊은

réservé(e) 점잖은
romantique 로맨틱한
serviable 도와주기 좋아하는
taciturne 과묵한
rigolo 익살스런
sensible 섬세한
tendre 부드러운
tolérant(e) 인내심 많은

➾ 학업· 업무와 관련된 성격

ambitieux(se) 의욕적인
diligent(e) 근면한
énergique 정력적인
responsable 책임성 강한
studieux(se) 학구적인
travilleur(se) 부지런한
assidu(e) (학업)열심인
dynamique 활동적인
étourdi(e) 덤벙대는
sécurisant(e) 믿음직스런
talentueux(se) 재능 있는

➾ 외적·신체적 묘사

attirant(e) 매력적인
craquant(e) 깜찍한
élégant(e) 맵시 있는
mature 성숙한
pimpant(e) 맵시 있는
sensuel(le) 관능적인
calme 조용한
distingué(e) 우아한
féminin(e) 여성적인
naturel(le) 자연스런
prévenant(e) 호감스런
souriant(e) 미소 짓는

⊃ 키·몸무게 표현

➾ 키가 어떻게 됩니까?

- Quelle est votre (ta) taille?
- Combien mesures-tu?
- Combien est-ce que vous mesurez?
  → Je mesure 1m 80. 내 키는 1미터 80입니다.

➾ 몸무게가 얼마나 됩니까?

- Quel est votre (ton) poids?
- Combien pèses-tu?
- Combien est-ce que vous pesez?
  → Je pèse 70 kilos. 내 몸무게는 70킬로야.
- Combien mesures-tu et pèses-tu? 너는 키와 몸무게가 얼마나 되니?

➲ "좋아하다"와 "싫어하다"의 정도 표현

➾ '좋아하다'의 정도 표현

- J'aime + 명사 또는 동사
  J'aime le sport. 나는 운동을 좋아한다.
  J'aime jouer du piano. 나는 피아노 연주하는 것을 좋아한다.

- J'aime beaucoup + 명사 또는 동사
  J'aime beaucoup le café. 나는 커피를 매우 좋아한다.
  J'aime beaucoup lire. 나는 책 읽는 것을 매우 좋아한다.

- J'adore + 명사 또는 동사
  J'adore le chocolat. 나는 초콜렛을 굉장히 좋아한다.
  J'adore écouter la musique. 나는 음악 듣는 것을 굉장히 좋아한다.

➾ '싫어하다'의 정도 표현

- Je n'aime pas + 명사 또는 동사
  Je n'aime pas le sport. 나는 운동을 좋아하지 않는다.
  Je n'aime pas boire. 나는 술 마시는 것을 좋아하지 않는다.

- Je n'aime pas beaucoup + 명사 또는 동사
  Je n'aime pas beaucoup la musique. 나는 음악을 정말 싫어한다.
  Je n'aime pas nager. 나는 수영하는 것을 정말 싫어한다.

- Je déteste + 명사 또는 동사
  Je déteste la viande. 나는 고기를 끔찍이 싫어한다.
  Je déteste marcher. 나는 걷는 것을 끔찍이 싫어한다.

2 A l'université 대학교에서

✓ Situation 1

Minsun : Bonjour. Je me suis inscrite pour suivre un 3ème cycle mais je dois encore choisir certains cours à option.
Secrétaire : Quel est votre nom?
M : Kim min sun.
S : Un instant, s'il vous plaît...Ah voilà. Oui, en effet, vous devez choisir 3 cours.
M : En fait, je ne sais pas très bien comment choisir.
S : Si vous voulez, je peux vous mettre en contact avec un autre étudiant qui pourra vous aider.
M : Ah oui. Ce serait super.
S : Notez ici votre nom et votre numéro de téléphone. Je lui demanderai de vous appeler.
M : Voilà. Merci beaucoup.

민선 : 안녕하세요. 저는 박사학위과정 수업을 듣기 위해 등록을 하였는데 아직 몇몇 선택과목을 택해야합니다.
비서 : 당신 이름이 뭐예요?
민선 : 김민선입니다.
비서 : 잠시만 기다려보세요. 아, 여기 있네요. 네 그러네요, 수업 3개를 선택하셔야만합니다.
민선 : 사실은 제가 어떻게 선택을 해야 할지 잘 모릅니다.
비서 : 원하신다면, 당신을 도와줄 수 있는 다른 학생을 당신과 연락할 수 있도록 해줄 수 있어요.
민선 : 아 네. 그럼 더할 나위 없이 좋죠.
비서 : 여기에 당신 이름과 전화번호를 적어놓으세요. 제가 그 학생에게 당신에게 전화하라고 부탁할께요.
민선 : 여기 있습니다. 고맙습니다.

[단어장]

s'inscrire : 등록하다, 가입하다
suivre : (강의 따위를) 듣다, 계속 수강하다
3ème cycle : 박사학위과정
un cours à option : 선택과목

Un instant. : 잠깐만요.
en effet : 실제(로), 사실
en fait : 사실은, 실제는
mettre en contact avec qn : …와 접촉하다
super : 멋진, 훌륭한
noter : 적어놓다, 메모하다
demander à qn de + inf : …에게 …하도록 요구하다, 부탁하다
appeler : 부르다, 전화하다

✓ Situation 2

Jinho : Bonjour. Je vais suivre un cours intensif dans votre université et je cherche une chambre d'étudiant.
Secrétaire : Nous avons des chambres au sein du campus et d'autres à l'extérieur du campus mais très près de l'université.
J : Quel est le loyer des chambres à l'intérieur du campus?
S : Ça dépend, si vous voulez être seul ou partager une chambre avec un autre étudiant.
J : Je préfère être seul.
S : 450 € par mois, toutes charges comprises.
J : Ah....et à l'extérieur?
S : Entre 300 et 350 €.
J : C'est parfait. Pourrais-je en visiter?
S : Oui, bien sûr.

진호 : 안녕하세요. 저는 이 대학교에서 언어집중코스 수업을 들을 예정입니다. 그리고 학생 기숙사를 찾습니다.
비서: 캠퍼스 안에 기숙사가 있어요. 다른 기숙사는 캠퍼스 밖에 있지만 대학교에서 아주 가까이 있습니다.
진호 : 캠퍼스 내에 있는 기숙사비는 얼마입니까?
비서 : 혼자 있기를 원하거나 다른 학생과 한 방을 쓰길 원하느냐에 따라 다릅니다.
진호 : 전 혼자 있는 게 더 좋은데요.
비서 : 모든 관리비를 포함해서 450유로입니다.
진호 : 아 그래요. 그럼 외부 기숙사는요?
비서 : 300유로에서 350유로 사이에요.
진호 : 그게 좋겠네요. 제가 방문해 볼 수 있을까요?
비서 : 그럼요, 당연하죠.

[단어장]

intensif(ve) : 집중적인, 집약적인
au sein de : …의 한 가운데에, 내부에
à l'extérieur de : … 밖의, 옥외의
le loyer : 세, 집세
à l'intérieur de : …의 안(속)에서
dépendre (Ça dépend.) : …에 달려있다 (상황 나름이다.)
partager qch avec qn : …을 …와 나누다, 함께하다, 공유하다
préférer + inf : …하는 것을 더 좋아하다, 선호하다
par mois : 매 달 (달마다)
la charge : (아파트 따위의) 관리비, 부담금, 비용
toutes charges comprises : 모든 관리비 포함
entre ~ et ~ : …와 … 사이
visiter : 방문하다

[대화를 만들어보자]

1. C'est votre premier jour à l'université. Vous ne savez pas où se donne votre premier cours. Vous allez demander au secrétariat. Imaginez et jouez le dialogue.
   오늘은 대학생활의 첫날입니다. 당신은 첫 수업이 어디에서 하는지 모릅니다. 당신은 비서실로 가 문의를 할 것입니다. 상상해보고 역할극을 해보세요.

2. C'est votre dernier jour à l'université. Vous allez demander au secrétariat si votre dossier est en ordre avant de rentrer en Corée. Imaginez et jouez le dialogue.
   오늘은 대학생활의 마지막 날입니다. 당신은 한국에 들어가기 전에 비서실에 당신의 서류가 정상인지 물어볼 것입니다. 상상해보고 역할극을 해보세요.

[더불어 알아두자]

➲ 전공 묻기와 대답

➾ 전공이 무엇입니까?

- Qu'est ce que vous faites comme études?
- Quelle est votre spécialité? = Qu'est-ce que vous étudiez?

→ Je me suis spécialisé(e) dans le tourisme. 관광학을 전공했습니다.
Je fais du droit international. 국제법을 (공부)했습니다.
J'ai étudié le français. 프랑스어를 배웠습니다.
Ma spécialité, c'est l'histoire. 제 전공은 역사학입니다.
Je suis étudiant en droit. 나는 법학전공 학생입니다.

➾ Je suis sorti(e) de l'Université de K. K대학을 졸업했습니다.

➲ 거리표현

➾ à + 거리/시간 + de + 장소 : … 에서 … 만큼 떨어진

* Ma maison est située à 10 km d'ici. 우리 집은 여기서 10킬로나 떨어져 있어.
* L'appartement est à 5 min à pied de la faculté des Lettres.
  그 아파트는 문과대학에서 걸어서 5분 거리에 있다.
* Mon université se trouve à 30 min en voiture de ma maison.
  나의 대학은 집에서 자동차로 30분 거리에 위치해 있다.

➲ 단과대학

la faculté des lettres 문과대
la faculté de médecine et de pharmacie 의·약대
la faculté de philosophie 철학대학
la faculté de droit et de politique 법정대
la faculté des sciences 이·공과대학
la faculté des sciences économiques 경제학(경영대학)
la faculté des sciences humaines et sociales 인문·사회대학

➲ 교육기관

la crèche 탁아소
l'école maternelle 유치원
l'école primaire 초등학교
le collège 중학교
le lycée 고등학교
l'université 대학교
l'école publique/privée 공립/사립학교

➲ 학생, 교수

écolier(ère) 초등학교
élève 학생
collégien(enne) 중학생
lycéen(enne) 고등학생
étudiant(e) 대학생
enseignant(e) 교사

instituteur(trice) 초등교사
professeur (중· 고등학교, 대학교) 교사, 교수

➲ 시험

l'épreuve 시험
l'épreuve de l'écoute 듣기시험
l'épreuve de l'écrit 쓰기시험
l'épreuve orale(=les oraux) 구두시험
la partielle 중간고사
la finale 기말고사
le concours (입사·국가시험 등) 공채시험

➲ 학과·전공 (학문이름으로도 사용됨)

l'architecture 건축학
l'art plastique 응용미술
la communication 커뮤니케이션
la comptabilité 회계학
le droit 법학
l'électronique (f.) 전자공학
le génie civil 토목과
la gestion 경영학
l'informatique 정보처리 기술학
la littérature 문학
la médecine 의학
la physique 물리학
la sociologie 사회학
les arts plastiques 조형미술
la biotechnologie 생명공학
la chimie 화학
le design 디자인
le droit international 국제법
l'économie 경제학
la géographie 지리학
l'histoire 역사학
la linguistique 언어학
les mathématiques 수학
la musique 음악
la psychologie 심리학
le tourisme 관광학

➾ 어문계열

l'allemand 독일어과
le chinois 중국어과
l'espagnol 스페인어과
l'anglais 영어과
le coréen 한국어과 (국문과)
le français 프랑스어과

3 A l'agence immobilière 부동산 소개소에서

✓ Situation 1

Mlle Park : Bonjour. J'ai lu une annonce dans le journal. La villa au bord de mer est-elle toujours à louer?
Emplyé : Oui.
P : Ah, pourriez-vous me donner plus d'informations?
E : Bien sûr. Que voulez-vous savoir au juste?
P : Est-elle vraiment au bord de la mer?
E : Oui, le jardin donne sur la plage.
P : Ah, très bien. Y a-t-il un lave-vaisselle?
E : Oui. Il y a une cuisine complètement équipée. Il y a une cuisinière électrique avec un four, un réfrigérateur naturellement, une table avec six chaises.
P : Et y a-t-il une machine à laver?
E : Oui, et un sèche-linge aussi.
P : La maison fait combien de mètres carrés?
E : Environ 120 m^2.
P : C'est parfait. Je vais en parler avec mon ami et vous rappelle demain.
E : Très bien. Au revoir.

박 : 안녕하세요. 제가 신문에서 광고 하나를 읽었어요. 바닷가에 있는 별장이 아직 임대가 가능한가요?
직원 : 네.
박 : 아, 좀 더 자세한 정보를 제게 알려주실 수 있으세요?
직원 : 물론이죠. 정확히 무엇에 대해 알고 싶으신가요?
박 : 정말 바닷가 근처에 있는 게 맞나요?
직원 : 네. 정원이 바다로 통해 있어요.
박 : 아! 아주 좋네요. 식기세척기가 있나요?
직원 : 네. 모든 시설이 아주 잘 갖추어진 부엌이 있습니다. 오븐이 딸린 전기렌지, 당연히 냉장고, 의자 여섯 개와 식탁이 있어요.
박 : 세탁기가 있나요?
직원 : 네, 건조기도 있습니다.
박 : 집이 몇 평방미터나 되죠?
직원 : 약 120평방미터에요.
박 : 완벽하네요. 제가 친구와 함께 얘기해 보고 내일 다시 전화 드리겠습니다.
직원 : 네 알겠습니다. 안녕히 가세요.

[단어장]

une annonce : 알림, 공고
au bord de : …의 가, 가장자리
louer : 세놓다, 임대하다
plus de + 무관사 명사 : 더 많은
une information : 정보, 지식
au juste : 정확하게
donner sur : (을) 향하다, (로) 통하다
la plage : 해변, 바닷가
un lave-vaisselle : 식기세척기
complètement : 완전히, 전부, 철저하게
équipé(e) : 필요한 장비가 갖추어진
une cuisinière électrique : 전기(가스)렌지
un four : (빵, 과자 따위를 굽는)오븐
un réfrigérateur : 냉장고
naturellement : 당연히, 필연적으로
un machine à laver : 세탁기
un sèche-linge : 건조기
La maison fait combien de mètres carrés? 집은 몇 ㎡입니까?
environ : 약, 대략
rappeler : 다시 전화하다

✓ Situation 2

Mlle Lee : Bonjour, j'ai lu une annonce dans le journal concernant un appartement à louer.
Employé : Je suis désolé mais on vient de le louer.
L : Oh!
E : Mais nous avons une petite maison dans le même quartier.
L : Ah, pour le même prix?
E : C'est un tout petit peu plus cher, mais c'est une maison.
L : Pouvez-vous me la décrire un peu?
E : 120 m², 3 chambres, une grande salle de séjour, une cuisine, une salle de bain et une buanderie. Il n'y a pas de jardin ni de garage.
L : Est-il possible de la visiter cette semaine?
E : Oui, bien sûr. Demain après-midi, ça vous arrange?
L : C'est parfait. A demain.

이 : 안녕하세요, 제가 신문에서 아파트 임대에 관련된 광고 하나를 읽었습니다.
직원 : 죄송하지만 얼마 전에 임대가 되었어요.
이 : 아!
직원 : 하지만 같은 구역에 작은 집이 하나 더 있는데요.
이 : 같은 가격이에요?
직원 : 아주 조금 더 비싸요, 하지만 그건 집이에요.
이 : 제게 그 집을 좀 설명해주실 수 있으세요?

직원 : 120평방미터에 방이 3개, 큰 거실이 1개, 부엌, 욕조가 있는 욕실 그리고 세탁장이 있어요. 정원과 주차장은 없습니다.
이 : 이번 주에 방문이 가능합니까?
직원 : 네, 물론이죠. 내일 오후 괜찮으십니까?
이 : 아주 좋아요. 내일 뵙겠습니다.

[단어장]

concernant : …에 관한, …에 대하여
un appartement à louer : 세 놓을 아파트
venir de + inf : 방금 …하였다
le quartier : 구역
le prix : 가격
un tout petit peu : 약간, 경미하게
décrire : 묘사하다, 서술하다
une salle de séjour : 거실
une salle de bain : 목욕탕, 욕실
une buanderie : 세탁장
un garage : 주차장
Il est possible de + inf : …하는 것이 가능하다
cette semaine : 이번 주
arranger : …을 만족시키다

✓ Situation 3

A : Salut! Je viens de louer un appartement. Il est très grand. On pourrait y habiter à deux, si ça t'intéresse.
B : Ah bon. Décris-le moi un peu.
A : Il y a deux grandes chambres, une salle de bain avec baignoire, un immense living, une cuisine et 2 terrasses.
B : Ça a l'air pas mal. C'est dans quel quartier?
A : Près de la place du marché.
B : Ah... Je vais venir le voir ce soir.
A : Ok, à ce soir.

A : 안녕! 나 좀 전에 아파트 구했어. 진짜 커. 네가 관심이 있다면 우리 둘이 거기에 살 수 있어.
B : 아 그래. 그 아파트에 대해 조금 설명해 줄래?
A : 큰 방이 두 개, 욕조가 있는 욕실, 거대한 거실, 부엌 그리고 테라스 2개가 있어.
B : 좋아 보이는데. 어느 구역에 있는 거야?
A : 시장의 광장 근처에 있어.
B : 아… 그래. 오늘 저녁에 그것을 보러 갈게.
A : 알았어. 저녁에 보자.

[단어장]

habiter à deux : 둘이 살다, 거주하다
intéresser qn : …의 관심을 끌다, 관심을 불러 일으키다
une baignoire : 욕조, 목욕탕
une cuisine : 부엌
Ça a l'air + adj : …처럼 보이다, …하는 것 같이 보이다
pas mal : 썩 좋은, 썩 잘

[대화를 만들어보자]

1. Vous voulez louer un appartement meublé avec une amie pendant les vacances. Vous téléphonez à un propriétaire pour avoir des renseignements sur un appartement à louer. Vous voulez connaître la surface et le nombre de pièces. Et vous demandez comment est la cuisine. Imaginez et jouez le dialogue.
당신은 방학동안 친구와 함께 가구가 갖추어진 아파트를 빌리고 싶습니다. 당신은 임대아파트에 대한 정보를 얻기 위해 주인에게 전화를 합니다. 당신은 면적과 방의 개수를 알고 싶습니다. 그리고 당신은 부엌이 어떤지 물어봅니다. 상상해보고 역할극을 해보세요.

2. Vous cherchez un appartement. Vous lisez les petites annonces, vous vous rendez dans une agence immobilière. Vous dites ce que vous cherchez. L'agence vous propose une maison. Vous demandez des précisions. Imaginez et jouez le dialogue.
당신은 아파트를 찾습니다. 당신은 광고 전단지들을 읽고 부동산을 찾아갑니다. 당신은 찾는 것을 말합니다. 부동산은 당신에게 집 하나를 제안합니다. 당신은 자세한 것들을 묻습니다. 상상해보고 역할극을 해보세요.

[더불어 알아두자]

➲ 방 구할 때 사용하는 표현

- Je voudrais un appartement au 3éme étage. 3층에 거주하고 싶습니다.
- Combien de pièces y a-t-il? 방이 몇 개 있습니까?
- Je voudrais louer un appartement pour un an. 1년 동안 거주할 아파트를 얻고 싶습니다.
- Je cherche une chambre à louer. 나는 세놓은 방을 찾고 있습니다.
- Comment est-il orienté? (아파트는) 어느 방향으로 나 있습니까?
- L'appartement donne sur la rue? 아파트는 거리방향으로 나 있습니까?
- La cuisine est-elle équipée? 부엌시설이 갖추어져 있습니까?

- Quels sont les frais d'agence? 부동산 소개비는 얼마입니까?
- Quand sera-t-il libre? (아파트는) 언제 빕니까?
- Les charges sont-elles comprises? 관리비가 포함되어있습니까?

➲ 주택 관련 단어

➾ 주택 내부

l'ascenseur 엘리베이터
le balcon 발코니
la cave 지하창고
la chambre 방
le chauffage 난방
le chauffage central 중앙난방
le chauffage électrique 전기난방
le chauffage individuel au gaz 가스 개인난방
la chaudière 보일러
le chauffe-eau 온수기
la cheminée 벽난로, 굴뚝
l'escalier 계단
le garage 차고
le grenier 다락방
l'interphone 인터폰
la kitchenette (스탠드바 식) 간이 부엌
le parking privé 전용 주차장
le placard 벽장
la salle à manger 식당
la salle de bain (de douche) 욕실 (샤워실)
le salon = la salle de séjour 거실
les toilettes (=WC) 화장실

➾ 주택 조건

meublé(e) (전세 집에 침대·옷장 등의 기본) 가구가 갖추어진 ≠ vide 가구가 없는, 빈
clair(e) 밝은 ≠ sombre 어두운
propre 깨끗한 ≠ sale 더러운
donner sur (창문, 아파트, 집) 방향이 …로 향해 있다
la vue sur la rue 거리 쪽으로 난 조망

➾ 기타

la pièce (방·거실 등 독립 공간을 지칭) 방
la maison individuelle sans étage 단층 주택
l'agence immobilière 부동산 중개소
l'agent immobilier (부동산) 직원
le mètre carré 평방미터
les charges 관리비
les charges comprises 관리비 포함
le locataire 세입자
la caution 보증금

4 Inviter des gens 초대하기

✓ Situation 1

M. Kim : Bonjour. Samedi, j'organise un dîner avec mes amis pour fêter la fin de nos études.
Voisine : Ah, vous êtes tous diplômés maintenant?
K : Oui, nous avons tous réussi en première session. Voulez-vous dîner avec nous?
V : Malheureusement, j'ai déjà quelque chose de prévu mais je viendrai prendre l'apéritif avec vous.
K : Ah, chouette!
V : J'apporterai une bouteille de champagne pour marquer le coup.
K : C'est très gentil de votre part. Merci beaucoup.
V : A quelle heure vos amis arrivent-ils?
K : Vers 19 heures.
V : Je viendrai vers 18 heures 45 pour vous aider à tout préparer.

김 : 안녕하세요. 토요일에 졸업을 축하하기 위해 친구들과 함께 저녁식사를 준비하려고해요.
이웃 여자 : 아, 당신들 모두 학위를 취득하신건가요?
김 : 네, 우리 모두 첫 시험에서 통과했어요. 우리와 함께 저녁하시겠어요?
이웃 여자 : 불행하게도 제가 이미 약속된 게 있어요, 하지만 당신들과 아페리티프를 하러는 갈게요.
김 : 좋아요!
이웃 여자 : 제가 기념으로 샴페인 한 병 가지고 갈게요.
김 : 정말 친절하세요. 감사합니다.
이웃 여자 : 몇 시에 친구들이 도착하나요?
김 : 19시 경이요
이웃 여자 : 제가 준비하는 거 도와드리러 18시 45분 경에 갈게요.

[단어장]

organiser : 준비하다, 기획하다, 조직(화)하다
un dîner : 저녁 식사
fêter : 축하하다, …(을 위한) 축하연을 열다
diplômé(e) : 학위를 취득한
réussir : 성공하다, 잘 해내다, 좋은 결과를 얻다
en première session : 첫 번째 (대학의) 시험기

quelque chose de prévu : 예정된 어떤 것(일)
un apéritif : 식전에 마시는 술, 아페리티프
chouet(te) : 멋진, 근사한
marquer le coup : 기념하다, 중요성을 강조하다
de votre part : …의 의뢰로, …의 쪽에서, …로서는
aider qn à + inf : …가…을 하는 것을 도와주다
préparer : 준비하다

✓ Situation 2

Madame : Bonjour! Nous sommes les nouveaux locataires du troisième étage, et nous voudrions vous inviter à dîner samedi soir avec des amis. Pouvez-vous vous joindre à nous?
Voisin : A quelle heure?
M : Vers 20 heures, si ça vous convient.
V : Ça va. Est-ce que vous voulez que je vienne plus tôt pour vous aider?
M : Non merci, mes amis qui viennent de Corée du Sud vont préparer des plats coréens.
V : Ah, c'est super, je n'ai jamais mangé le plat coréen.
M : Vous pouvez venir alors?
V : Oui. Voulez-vous que j'apporte du vin ou un dessert?
M : C'est comme vous préférez.
V : J'apporterai le dessert.
M : Merci. A samedi.

부인 : 안녕하세요! 저희는 4층에 새로 세든 사람들이에요, 토요일 저녁 축하파티에 친구들과 함께 당신을 초대하고 싶습니다. 오실 수 있으신가요?
이웃 남자 : 몇 시인가요?
부인 : 괜찮으시다면 20시경이요.
이웃 남자 : 괜찮네요. 제가 당신을 도와주러 조금 일찍 가는 건 어떤가요?
부인 : 감사합니다만 괜찮습니다. 한국에서 온 제 친구들이 한국음식을 준비할거에요.
이웃 남자 : 아, 멋지네요, 전 한국음식을 전혀 먹어본 적이 없어요.
부인 : 그럼 오실 수 있으신 건가요?
이웃 남자 : 네. 제가 디저트나 와인을 가져가는 건 어떤가요?
부인 : 좋도록 하세요.
이웃 남자 : 제가 디저트를 가져갈게요.
부인 : 감사합니다. 토요일에 봐요.

[단어장]

locataire : 세든 사람, 하숙인
un étage : 층
inviter qn à + inf : … 를 …에 초대하다
se joindre à qn : (와) 결합(합류)하다, 참가하다
vers + 시간 : … 경, 무렵
convenir à qn : …의 상황(처지)에 맞다, …에게 유익하다
plus tôt : 더 일찍
venir de : …로부터 오다
un plat : 요리
Faites comme vous préférez. : 좋도록 하세요.

[대화를 만들어보자]

1. Vous invitez votre frère et votre belle-sœur à dîner. Ils acceptent. Vous proposez une date : ils sont pris. Vous changez la date : ils sont libre. Imaginez et jouez le dialogue.
당신은 당신의 형과 형수를 저녁식사에 초대합니다. 그들은 초대를 받아들였습니다. 당신은 날짜를 제안합니다. : 그들은 이미 약속이 있습니다. 당신은 날짜를 바꿉니다. 그들은 시간이 됩니다. 상상해보고 역할극을 해보세요.

2. Vous invitez un très vieil ami à dîner. Vous ne l'avez pas vu depuis 10 ans. Imaginez et jouez le dialogue.
당신은 오래된 친구를 저녁식사에 초대합니다. 당신은 그를 10년 동안 보지 못했습니다. 상상해보고 역할극을 해보세요.

[더불어 알아두자]

➲ 초대에 관한 표현

- Nous organisons une fête. 저희가 파티를 준비합니다.
- J'aimerais vous inviter à dîner. 저녁식사에 당신을 초대하고 싶습니다.
- Vous êtes libres? 시간 있으세요?
- Vous pouvez venir?/Vous pourrez venir? 오실 수 있으세요?
- Vous voulez venir dîner? 저녁식사 하러 오시겠어요?

➲ 승낙 표현

- Oui, avec plaisir, c'est très gentil! 네, 기꺼이요, 정말 친절하세요.
- Oui, ça me ferait très (vraiment) plaisir. 네, 아주 기뻐요.

- Oui, c'est une bonne idée. 네, 정말 좋은 생각이에요.
- D'accord!/Je suis d'accord. 동의합니다.
- Je suis d'accord avec vous/pour votre proposition.
  당신의 의견/당신의 제안에 동의합니다.
- Oui, je veux bien. 예, 좋습니다.
- Volontiers. 기꺼이 그렇게 하도록 하죠.
- Je serais heurseux(se)/ravi(e)/enchanté(e) d'accepter votre invitation.
  당신의 초대에 응하게 되어서 기쁩니다.
- J'accepte avec plaisir votre invitation/votre proposition.
  당신의 초대/제안에 기꺼이 응하겠습니다.

➲ 거절 표현

- Non, c'est dommage, nous sommes absents, ce jour-là.
  아니요, 아쉽네요, 그 날 우리는 여기에 없을 거예요.
- Non, je suis désolé(e), nous sommes pris, ce soir-là.
  아니요, 미안합니다, 이미 그 날 저녁에 약속이 있어서요.
- Hélas, nous ne sommes pas libres, nous ne sommes pas là.
  아! 이런, 우린 약속이 있어요, 그날은 여기에 없을 거예요.
- J'ai le regret de ne pas pouvoir accepter votre invitation au dîner.
  저녁식사 초대에 응할 수 없어서 유감입니다.
- J'aurais voulu accepter votre proposition, mais je ne peux pas le faire.
  당신의 제안을 받아들이고 싶지만, 그렇게 할 수가 없습니다.
- Je suis désolé(e) de ne pas pouvoir accepter votre invitation à la fête d'anniversaire.
  생일파티 초대에 응할 수가 없어서 유감입니다.
- Je vous demande de m'excuser de ne pas pouvoir participer à la soirée.
  저녁 야회에 참석할 수 없는 것에 대해 용서를 구합니다.

➲ 감정 표현

- C'est superbe/génial/magnifique/beau/intéressant/cool.
  굉장하다/멋지다/훌륭하다/아름답다/흥미롭다/쿨하다.
- C'est nul/horrible.
  시시하다/끔직하다.

➲ 시간 표현

➩ 시간과 월 앞에는 전치사 à가 오지만, 날짜 앞에는 정관사 le만 사용한다.

- Je pars le 10 mai à 15 heures. 나는 5월 10일 15시에 떠난다.
- Nous sommes au mois de décembre. 지금은 12월입니다.

➾ 달 : en + mois

- Nous sommes en juillet. 지금은 7월이다.

➾ 년도 : en + année

- Je suis né(e) en 1985. 나는 1985년에 태어났다.

➾ 계절 : en + été, automne, hiver/au + printemps

- Au printemps, le temps est doux. 봄은 날씨가 온화해.
- En été, il fait très chaud. 여름은 매우 더워.

➲ 시간표현 : 그 … 당시

➾ ce(s) + 시간명사 -ci : 최근의 경우
ce(s) + 시간명사 -là : 과거의 경우

- ce jour-ci (là) 그 날
- ces jours-ci (là) 최근에(그 당시에)
- cette heure-là 그 시간
- cet instant-là 그 때
- ce moment-là 그 순간
- cet année-là 그 해
- cet hiver-là 그해 겨울
- cet été-là 그해 여름

➲ 주기 표현

- une(deux) fois par jour/semaine/mois/an
하루/일주일/한 달/일년에 한 번(두 번)
- tous les deux jours/semaines/mois/ans
이틀/2주/2달/2년마다
- tous les quinze jours 15일마다

5 Faire les courses 시장보기

✓ Situation 1

Sylvie : Je vais aller faire les courses. Veux-tu que j'achète quelque chose en particulier?
Laurent : Je pense qu'il n'y a plus de dentifrice.
S : Je note.
L : Ah! Peux-tu prendre des pommes aussi?
S : Oui. Les mêmes que la semaine passée? Elles étaient super bonnes.
L : Oui. Ah oui, il faudrait aussi de la charcuterie et du fromage.
S : Il n'y pas presque plus de pain non plus.
L : Tu pourrais acheter du jus de fruits aussi.
S : Oui, je verrai s'il y a des promotions.
L : Veux-tu que je vienne avec toi? Il y aura beaucoup à porter.
S : Oui, merci.

실비 : 나 장보러 갈 거야. 특별히 내가 뭐 사다줬으면 하는 게 있니?
로랑 : 내 생각엔 치약이 다 떨어진 것 같은데.
실비 : 적을게.
로랑 : 아, 맞다. 사과도 사다줄 수 있어?
실비 : 그래. 지난주에 샀던 거랑 같은 걸로? 그거 정말 맛있었어.
로랑 : 응. 아 그리고 돼지고기 제품(햄이나 소세지 따위)이랑 치즈도 사야해.
실비 : 빵도 거의 없어.
로랑 : 과일 음료수도 사야 할 거야.
실비 : 응, 세일 제품이 있는지 봐야겠다.
로랑 : 내가 같이 가줄까? 들어야 할 것이 너무 많을 것 같은데.
실비 : 그래, 고마워.

[단어장]

faire les courses : 장을 보다
en particulier : 특히
un dentifrice : 치약
noter : 메모하다
les mêmes : (le, la, les와 함께) 같은 (사람) 것
passé(e) : 과거의, 지나간

une charcuterie : 돼지고기 제품(류)
non plus : …도 또한 (…이 아니다)
un jus de fruits : 과일 쥬스
une promotion : 할인판매상품
porter : 가져오다, 전달하다

✓ Situation 2

Anne : Allô, c'est Marie? Ce soir, je vais sortir du bureau après 20 heures. Est-ce que tu peux faire les courses pour moi?
Marie : D'accord. Pas de problème.
A : Merci. Achète une baguette, du beurre, du jus d'orange et du lait s'il n'en reste plus pour demain matin. Ah! Téléphone aussi à Romain pour l'inviter à dîner demain.
M : O.K. A tout à l'heure.
A : Merci. A tout à l'heure.

안나 : 여보세요, 마리니? 오늘 저녁 나는 8시 이후에야 퇴근하게 될 거야. 시장을 봐줄 수 있겠니?
마리 : 알았어. 물론 시장 봐주지.
안나 : 고마워. 바게트 하나, 버터, 오렌지 쥬스 그리고 내일 아침에 먹을 우유가 없으면 우유도 사. 아, 로멩에게 전화해서 내일 저녁 먹으러 오라고 말하고.
마리 : 응, 그렇게 할게. 조금 후에 보자.
안나 : 조금 후에 보자.

[단어장]

sortir du bureau : 퇴근하다, 사무실을 나서다
faire les courses : 시장을 보다
pas de problème : 간단한 문제다, 문제없다, 물론
le jus d'orange : 오렌지 쥬스
le beurre : 버터
le lait : 우유
il reste qch : …이 남아있다
ne ~ plus : 더 이상 …않다
inviter qn à + inf : …을 …에 초대하다

[대화를 만들어보자]

1. Vous rentrez de vacances et devez faire des grandes courses. Imaginez et jouez le dialogue.
당신은 바캉스에서 돌아왔고 넉넉하게 장을 봐야합니다. 상상해보고 역할극을 해보세요.

2. Vous allez faire les courses pour votre voisine qui a 80 ans et ne peut plus se déplacer. Imaginez et jouez le dialogue.
당신은 80세로 혼자서 움직이지 못하는 당신의 이웃을 위해 장을 봐야 합니다. 상상해보고 역할극을 해보세요.

[더불어 알아두자]

➲ 기본 생필품

la confiture 잼
l'eau minéral 광천수
l'huile 기름, 식용유
les pâtes 면류, 국수
le riz 쌀
le sel 소금
le vinaigre 식초
la conserve 통조림
la farine 밀가루
le miel 꿀
le poivre 후추
la sauce tomate 토마토 소스
le sucre 설탕

➲ 신선한 식품

le beurre 버터
le fromage 치즈
le jambon 햄
les légumes 채소
les yaourts 요구르트
la crème fraîche 생크림
les fruits 과일
le lait 우유
l'oeuf 달걀

➲ 고기류

l'agneau 양고기
le porc 돼지고기
le veau 송아지고기
le boeuf 소고기
le poulet 닭고기

➲ 생선류

le saumon 연어
le thon 참치
la truite 송어

➲ 가까운 미래 표현

➾ aller + inf 막 …할 것이다
- Il va prendre sa douche. 그는 곧 샤워를 할 것이다.

➾ 미래를 나타내는 부사가 있을 경우 동사는 현재를 사용할 수 있음.
- Demain, je passe te voir. 나는 내일 너를 보러 갈게.

UNITE 2
교통·위치/방향의 설명과 관련된 상황

1 A la station de taxis 택시 승강장에서

✓ Situation 1

Mme Kim : Bonsoir, vous êtes libre?
Chauffeur : Oui.
K : Je voudrais aller au 35 rue des Pierres.
C : Il y a beaucoup de circulation à cette heure-ci. Ça va prendre au moins 45 minutes.
K : Ah bon! Même en prenant par les petites rues latérales?
C : Je peux essayer, mais il y a aussi beaucoup de travaux dans le quartier.
K : D'accord, faites au plus rapide. Merci.
(plus tard)
C : Voilà, c'est ici.
K : Je vous dois combien?
C : 40 euros au compteur.

김부인 : 안녕하세요, 빈 차예요?
운전기사 : 예.
김부인 : 삐에르가 35번지 부탁드려요.
운전기사 : 이 시간 때에는 교통량이 아주 많아요. 최소한 45분을 걸릴 겁니다.
김부인 : 아 그래요! 작은 골목길들을 이용한다 해도요?
운전기사 : 제가 시도는 해볼 수 있지만 그 구역에 공사가 많아요.

김부인 : 알겠습니다. 최대한 빨리 가주시면 감사하겠습니다.
(잠시 후)
운전기사 : 자, 여기예요.
김부인 : 얼마죠?
운전기사 : 40유로입니다.

[단어장]

libre : 자유로운, (지리가) 비어있는
Je voudrais aller à : …로 가주세요
la circulation : 교통, 통행, 통행량
à cette heure-ci : 이 시간에는
prendre + 시간 : (시간이) 걸리다
au moins : 적어도, 어쨌든
latéral(e) : 측면의, 옆쪽의
travaux : (복수) 공사
le quartier : 구역, 지구
le plus rapide : 최대한 빠른
Je vous dois combien? : 얼마입니까?
le compteur : 계량기, 택시요금 미터

Situation 2

Bora : Où se trouve la station de taxis, s'il vous plaît?
Monsieur : Vous allez tout droit. Après l'ascenseur, vous sortez par la porte n° 3 à droite. Et C'est là.
B : Merci bien.
(dans le taxi)
B : Bonjour. Je voudrais aller à la Tour Eiffel, s'il vous plaît.
Chauffeur : C'est la première fois que vous venez à Paris
B : Oui, je viens d'arriver cette nuit.
C : De quel pays venez-vous?
B : De Corée du Sud.
C : Oh, vous avez fait un long voyage. Voilà, nous sommes au pied de la Tour Eiffel.
B : Je vous dois combien?
C : Ça fera 17 euros, s'il vous plaît.
B : Tenez, 20 euros. Gardez la monnaie.
C : Merci bien. Et bon voyage en France!
B : Merci. Au revoir.

보라 : 실례지만 택시 승강장이 어디 있나요?
아저씨 : 똑바로 가세요. 그리고 엘리베이터를 지나 오른쪽에 있는 3번문으로 나가세요. 바로 거기에요.
보라 : 정말 감사합니다.
(택시 안에서)
보라 : 안녕하세요, 에펠탑에 가고 싶어요, 부탁드립니다.
운전기사 : 파리에 오신 게 처음인가요?
보라 : 네. 오늘 저녁에 도착했어요.
운전기사 : 어느 나라에서 오셨나요?
보라 : 한국에서요.
운전기사 : 오, 긴 여행을 하셨군요. 자, 에펠탑 아래에 왔어요.
보라 : 얼마죠?
운전기사 : 17유로입니다.
보라 : 여기 20유로 있습니다. 잔돈은 괜찮습니다.
운전기사 : 감사합니다. 프랑스에서 좋은 여행되세요!
보라 : 고맙습니다. 안녕히 가세요.

[단어장]

se trouver : 있다, 존재하다
la station de taxis : 택시 승강장
aller tout droit : 똑바로 가다
un ascenseur : 엘리베이터
sortir : 나가다
à droite : 오른쪽으로
C'est la première fois que + ind : …한 것은 처음이다
venir de + inf : 방금 …하다
cette nuit : 오늘 밤
venir de : (로 부터) 오다
faire un voyage : 여행을 하다
au pied de : …의 아랫부분, 하부, 하단
Gardez la monnaie! : 잔돈은 괜찮습니다.
Bon voyage! : 좋은 여행이 되세요!

[대화를 만들어보자]

1. Vous êtes fatigué(e) d'avoir fait les magasins. Vous prenez un taxi et discutez avec le chauffeur. Imaginez et jouez le dialogue.
   당신은 쇼핑을 해서 너무 피곤합니다. 당신은 택시를 타고 운전기사와 대화를 합니다. 상상해 보고 역할극을 해보세요.

2. Vous êtes allé(e) à la soirée d'anniversaire d'un ami(e). Il est tard et prenez un taxi pour rentrer chez vous. Imaginez et jouez le dialogue.

당신은 한 친구의 생일파티에 갔었습니다. 시간이 너무 늦어 당신의 집에 되돌아가기 위해 택시를 탔습니다. 상상해보고 역할극을 해보세요.

[더불어 알아두자]

➲ 택시 관련 표현

- Conduisez-moi à la gare. 역으로 갑시다.
- Où est (se trouve) la gare? 기차역이 어디에 있나요?
- C'est après la mairie/devant le stade/derrière la gare.
  시청 다음에 있습니다/경기장 앞에 있습니다/기차역 뒤에 있습니다.
- Combien ça coûte pour aller à la gare? 역까지 가는데 얼마입니까?
- Déposez-moi au prochain arrêt, s'il vous plaît. 다음 정류장에서 내려주십시오.
- Vous savez où est l'avenue Saporta? 싸포르타 큰길이 어디 있는지 아세요?
- Comment y allez-vous? 거기는 어떻게 갑니까?
- J'y vais en train/en avion/en voiture/en bateau/à vélo/à pied/à cheval.
  기차로/비행기로/차로/배로/자전거로/걸어서/말을 타고 갑니다.
- Je pars en voyage dans cinq jours. 나는 5일 후에 여행을 떠납니다.
- Je vais à Paris pour affaires. 나는 업무 관계로 파리에 갑니다.

➲ 택시 관련 단어

arrêter 멈추다
appeler 부르다
le chauffeur 운전기사
descendre 내리다
libre 빈
monter 오르다, 타다
occupé(e) 손님 있는
le tarif à la course 거리제 요금
le tarif au compteur 미터에 게시된 요금
le tarif à l'heure 시간제 요금

2 A la station de métro 지하철 역에서

✓ Situation 1

Kim : Bonjour. Excusez-moi, je dois aller à la gare du Nord. Suis-je sur la bonne ligne?
Madame : Oui, mais vous devez changer à Chatelet.
K : Pouvez-vous me dire si on est encore loin?
M : Encore 4 arrêts.
K : Merci. A Chatelet, savez-vous dans quelle direction je dois aller pour prendre l'autre ligne?
M : Il y a un très grand escalator à prendre et vous vous retrouverez sur le bon quai.
K : Merci beaucoup.
M : C'est très facile. Ne vous inquiétez pas.
K : Y a-t-il des indications?
M : Oui, il suffit de suivre les panneaux.

김 : 안녕하세요. 실례합니다, 저는 북역에 가야합니다. 제가 정확한 노선을 탔나요?
아주머니 : 네, 하지만 샤뜰레에서 갈아타셔야 해요.
김 : 아직 멀었는지 말해주실 수 있으신가요? (얼마나 남았는지 말해주시겠어요?)
아주머니 : 아직 4 정거장 남았습니다.
김 : 감사합니다. 제가 샤뜰레에서 다른 노선을 타려면 어느 방향으로 가야하는지 아세요?
아주머니 : 상당히 큰 에스컬레이터가 있으니 그걸 타면 올바른 플랫폼을 찾을 수 있으세요.
김 : 감사합니다.
아주머니 : 아주 쉬우니까 너무 걱정하지 마세요.
김 : 표지판이 있나요?
아주머니 : 네, 표지판을 따라가기만 하면 됩니다.

[단어장]

devoir + inf : …해야 한다, …하지 않으면 안 된다
la gare : (기차의) 정거장, 역
la ligne : 노선, 항로
changer : 바꾸다, 교체하다
Pouvez-vous me dire si + ind? : …인지 아닌지를 제게 말해주실 수 있으세요?
loin : (장소) 멀리
un arrêt : 정류장

un escalator : 에스컬레이터
prendre l'autre ligne : 다른 노선을 타다
se retrouver : (갈) 길을 찾다, 다시 처하다
le quai : 플랫폼
s'inquiéter : 걱정하다, 불안해하다
une indication : 표시, 지시
il suffit de + inf : …(하기)에 족하다, 충분하다
suivre : 뒤따라가다, 쫓아가다
le panneau : 광고판, 표시판

✓ Situation 2

Bora : Bonjour. Je n'ai jamais pris le métro à Paris. Pouvez-vous m'aider?
Passant : Vous devez acheter un ticket ou un carnet de 10 tickets si vous comptez prendre souvent le métro. Il y a aussi des cartes d'abonnement pour un mois.
B : Je vais acheter un carnet de 10 tickets.
P : Il y a un distributeur au fond du couloir. Avez-vous de la monnaie?
B : Oui. Merci beaucoup.
P : Où devez-vous aller?
B : A la gare de Lyon.
P : C'est direct. 5 ou 6 arrêts.
B : Merci beaucoup.

보라 : 안녕하세요. 제가 파리에서 전혀 지하철을 타본 적이 없습니다. 저를 도와주실 수 있으세요?
행인 : 티켓 한 장을 사거나 만약 당신이 지하철을 자주 이용할 생각이시라면 10장짜리 회수권을 사셔야만 해요. 또한 한 달용 정기권도 있답니다.
보라 : 저는 10장짜리 회수권을 살게요.
행인 : 판매기는 복도 끝에 있습니다. 잔돈 있으세요?
보라 : 네. 감사합니다.
행인 : 어디로 가세요?
보라 : 리옹 역이요.
행인 : 그건 직행이에요. 5~6 정거장만 지나면 되요.
보라 : 감사합니다.

[단어장]

prendre le métro : 지하철을 타다
un carnet : 회수권 (보통 10장 묶음을 말함)

compter + inf : …하리라 생각하다
une carte d'abonnement : (지하철, 극장의) 정기권
un distributeur : 자동판매기
la monnaie : 잔돈
au fond de : …의 안쪽, 속, 깊숙한 곳
le couloir : 복도, 통로
direct(e) : 바로 연결된, 돌아가지 않는

[대화를 만들어보자]

1. Vous êtes sur la quai et demandez si c'est la bonne ligne de métro. Imaginez et jouez le dialogue.
   당신은 플랫폼에 있고 정확한 지하철 노선인지를 묻습니다. 상상해보고 역할극을 해보세요.

2. Vous êtes dans la rue et demandez comment aller à l'ambassade de Corée à Paris en métro. Imaginez et jouez le dialogue.
   당신은 거리에 있고 지하철로 파리에 있는 한국 대사관에 어떻게 가야하는지를 묻습니다. 상상해보고 역할극을 해보세요.

[더불어 알아두자]

➲ 길안내 기본 표현

- aller jusqu'au carrefour 사거리까지 가다
- aller tout droit 곧바로 가세요
- continuer tout droit 직진하다
- longer le boulevard 대로를 따라가다
- passer la rue 길을 지나쳐가다
- prendre la direction de la place 광장 방향으로 가다
- prendre la rue 길로 들어서다
- sortir de la gare 기차역을 나오다
- suivre la rue (가던 길을) 계속 좇아가다
- tourner à droite/à gauche 우회전/좌회전 하다
- tourner à la 1er rue à gauche 왼쪽의 첫 번째 거리로 우회전하다
- traverser la place 광장을 가로질러 가다, 횡단하다

➲ 도움 요청 표현

- À l'aide! 도와주세요!
- Je vous appelle à l'aide. 나는 당신에게 도움을 청한다.
- Je vous demande un service. 나는 당신에게 도움을 요청한다.
  (=Je te demande un coup de main.)
- J'ai besoin de votre aide. 나는 당신의 도움이 필요합니다.
- J'ai besoin d'un coup de main. 도움이 필요해.
- Pourriez-vous m'aider à transporter ces cartons?
  당신은 이 박스 옮기는 일을 도와줄 수 있습니까?
- Pourriez-vous m'aider lors de mon déménagement?
  당신은 내 이사를 도와줄 수 있습니까?

➲ 지하철 관련 단어

la bouche de métro 지하철 입구
le changement 환승
la correspondance 갈아타기(곳)
le guichet 개찰구
la ligne (지하철, 전철)호선
le souterrain 지하도
le terminus 종점
le bureau des objets trouvés 분실물 신고 센터
le contrôleur 검표원
le distributeur automatique 자동판매기
l'itinéraire 노선표
le plan du métro 지하철 노선표
la station de métro 지하철 역

3 A la gare 역에서

✓ Situation 1

Cliente : Bonjour, monsieur. Deux billets pour Paris, s'il vous plaît.
Employé: Oui. À quelle heure?
C : À 9 heures 35.
E : Aller-retour ou aller simple?
C : Deux aller simples, s'il vous plaît.
E : 1ère ou 2ème classe?
C : Seconde classe.
E : Compartiment fumeurs ou non-fumeurs?
C : Non fumeurs. Combien ça coûte?
E : Quatre-vingt-dix euros.
C : Voilà, un billet de cent euros.
E : Voilà. Je vous rends dix euros, madame.
C : Merci. Et sur quel quai faut-il l'attendre?
E : Sur le quai numéro 5.

고객 : 안녕하세요. 파리행 표 2장 부탁드립니다.
판매원 : 몇 시 것으로요?
고객 : 9시 35분이요.
판매원 : 왕복이요 아니면 편도요?
고객 : 두 장 다 편도입니다.
판매원 : 1등석이세요, 2등석이세요?
고객 : 2등석 주세요.
판매원 : 흡연석을 원하세요, 금연석을 원하세요?
고객 : 금연석이요. 얼마죠?
판매원 : 90유로입니다.
고객 : 100유로 지폐예요.
판매원 : 10유로 거스름돈 입니다.
고객 : 감사합니다. 그리고 몇 번 플랫폼에서 기다려야하죠?
판매원 : 5번 플랫폼입니다.

[단어장]

un billet : (철도, 극장, 복권 따위의) 표, 지폐
un aller-retour : 왕복
un aller simple : 편도
seconde classe : 2등석/première classe : 1등석
un compartiment : (기차의)칸, 실

fumeurs : 흡연석 (Compartiment fumeurs 흡연석)
non-fumeurs : 금연석
rendre : 돌려주다, 반환하다
le quai : 플랫폼
Il faut + inf : …해야만 한다

✓ Situation 2

Employé(e) : Bonjour, monsieur. Que puis-je faire pour vous?
Client : Bonjour. J'ai réservé 2 places dans le train pour Paris du dimanche 24 août. Je veux annuler ma réservation et prendre des billets pour le lendemain.
E : A quel nom était la réservation?
C : Park.
E : Un instant, je vérifie. Ah, voilà. A quelle heure souhaitez-vous partir?
C : 9 heures du matin s'il y a encore des places.
E : En première ou deuxième classe?
C : Peu importe.
E : Il y a des places en deuxième classe.
C : C'est parfait, merci.

직원 : 안녕하세요. 무엇을 도와드릴까요?
손님 : 안녕하세요. 제가 8월 24일 일요일 파리행 기차의 좌석 2개를 예약했습니다. 그 예약을 취소하고 다음날 표를 사고 싶은데요.
직원 : 예약하신 분 성함이 어떻게 되시나요?
손님 : 박이예요.
직원 : 잠시 기다려주세요. 확인할게요. 아, 여기 있네요. 몇 시에 출발하기 원하시죠?
손님 : 만약 자리가 아직 있다면 아침 9시요.
직원 : 1등석을 원하세요 아니면 2등석을 원하세요?
손님 : 상관없습니다.
직원 : 2등석에 자리가 있네요.
손님 : 아주 좋아요, 감사합니다.

[단어장]

réserver : 예약하다
une place : 좌석, 좌석권
le train pour Paris : 파리행 기차
annuler : 취소하다
la réservation : 예약
le lendemain : 다음날, 이튿날
prendre des billets : 표를 사다
un instant : 잠깐만요
vérifier : 확인하다, 검사하다
peu importe : 상관없다

[대화를 만들어보자]

1. Vous voulez passer un week-end à Marseille avec votre ami(e). Vous allez à la gare pour réserver deux billets de train. Vous demandez deux places, en deuxième classe. Imaginez et jouez le dialogue.
   당신은 당신 친구들과 함께 마르세이유에서 주말을 보내고 싶습니다. 당신은 2장의 기차표를 사려고 기차역으로 갑니다. 2등석 두 자리를 요구합니다. 대화를 상상해보고 역할극을 해보세요.

2. On vous demande d'aller chercher à l'aéroport une personne que vous ne connaissez pas. Vous posez toutes les questions utiles : heure d'arrivée, provenance, description de la personne, l'hôtel où vous devez la conduire.
   누군가가 당신에게 당신이 모르는 사람을 찾으러 공항으로 나가주길 부탁합니다. 당신은 유용한 모든 질문을 합니다. : 도착시간, 출발지, 그 사람에 대한 묘사, 당신이 그 사람을 데리고 가야할 호텔.

[더불어 알아두자]

➲ 도움을 요청할 때

- Est-ce que vous pouvez me dire ~? 제게 …을 이야기 해주실 수 있으신가요?
- Vous pouvez m'indiquer le guichet? 제게 매표소 창구를 알려주시겠어요?
- Vous savez où est la gare? 기차역이 어디 있는지 아십니까?

➲ 기차표 구매(예약) 관련 표현

- Je voudrais réserver une place dans le train. 기차 좌석을 예약하고 싶습니다.
- Je voudrais un aller simple/deux aller simples/un aller-retour, s'il vous plaît.
  편도/편도표 2장/왕복표 1장 주세요.

- Je voudrais une place non-fumeur (fumeur), s'il vous plaît. 금연석(흡연석)을 원합니다.
- Puis-je payer par carte/en espèce? 카드/현금으로 지불해도 됩니까?
- Combien vous dois-je? 얼마를 지불해야 합니까?
- Quand part le prochain train/le dernier train? 다음 기차/막차는 몇 시에 출발합니까?
- Où/A quelle gare faut-il changer?
  어디에서/어느 역에서 갈아타야 합니까?

➲ 기차역 관련 단어

le aller simple 편도(표)
le billet aller-retour 왕복표
le bureau des objets 분실물 신고 센터
la consigne 수하물 보관소
le compartiment fumeurs 흡연열차
la couchette 간이침대차
le départ 출발
l'entrée 입구
le fumeur 흡연자
le guichet 창구, 매표구
l'heure de départ 출발시간
le kiosque à journaux 신문 판매대
la première classe 일등석
le quai 플랫폼
la réduction 할인
la salle d'attente 대합실
la sortie 출구
la voie 철도

l'arrivée 도착
le bureau d'information 안내소
le changement 갈아타기
le compartiment non fumeurs 금연열차
la correspondance 갈아타는 곳
le couloir 복도
la destination 행선지
la fenêtre 창문
le guichet 개찰구
l'heure d'arrivée 도착시간
l'horaire (기차·버스·상점) 시간표
le non-fumeur 비흡연자
la provenance 출발지
le quai 승강장
les renseignements 안내
la seconde classe 이등석
le ticket 승차권
le wagon-restaurant 식당차

4 Les lieux / les orientations 장소/방향

✓ Situation 1

Minsun : Bonjour, je suis perdue. Je cherche la gare du Nord.
Passant : Ah oui, vous êtes vraiment perdu. Vous êtes très loin de la gare.
M : Ah bon. Est-ce possible d'y aller à pied?
P : C'est trop loin. Prenez le métro qui se trouve au bout de cette rue, direction «Olympe» et descendez à l'arrêt «Gare du Nord».
M : Ça met combien de temps?
P : Vous en avez au moins pour 20 minutes.
M : Merci, monsieur.

민순: 안녕하세요, 제가 길을 잃었어요, 북역을 찾는데요.
행인 : 아 네, 정말 길을 잘못 드셨네요, 역에서 정말 멀리 떨어진 곳까지 오셨어요.
민순 : 아 그래요. 그곳까지 걸어서 갈 수 있나요?
행인 : 그곳까지 너무 멀어요. 이 길 끝에 있는 «올림프» 방향의 지하철을 타세요, 그리고 «북역»에서 내리세요.
민순 : 시간이 얼마나 걸리나요?
행인 : 그곳까지 가는데 최소한 20분은 걸려요.
민순 : 감사합니다.

[단어장]

être perdu(e) : (길 따위를) 잃다
loin de : …에서 멀리 떨어진
C'est possible de + inf : …하는 것은 가능하다
à pied : 걸어서, 도보로
la direction : 방향

descendre : (탈 것에서) 내리다
Ça met combien de temps? : 시간이 얼마나 걸리나요?
au moins : 적어도

✓ Situation 2

Minsun : Bonjour. Pouvez-vous m'indiquer le chemin pour aller à cette salle de concert?
Passant : Ah oui, c'est tout près. Il suffit de continuer tout droit sur 150 mètres et tourner à droite. La salle de concert se trouve au bout de la rue.
M : Merci. Au revoir.

민순 : 안녕하세요. 콘서트홀에 가는 길을 좀 알려주실 수 있으세요?
행인 : 아 네, 가까운 곳이에요. 150미터쯤 똑바로 계속 가시고, 오른쪽으로 도세요. 콘서트홀은 그 길 끝에 있습니다.
민순 : 감사합니다. 안녕히 가세요.

[단어장]

indiquer : 가리키다, 표시하다
le chemin : 길, 도로
une salle de concert : 콘서트 장
C'est tout près. : 아주 가까이에 있다.
Il suffit de+inf : …(하기)에 족하다, 충분하다
continuer tout droit : 계속해서 똑바로 가다
sur : (거리·범위) …에 걸쳐, …을 걸쳐
tourner à droite : 오른쪽으로 돌다
au bout de : … 의 끝에

✓ Situation 3

Minsun : Bonjour. Je cherche le Palais Royal.
Passant : Vous devez prendre la première à droite au premier carrefour. Allez jusqu'au bout de la rue et tournez à gauche. Vous verrez le Palais Royal juste en face de vous.
M : Merci.

민순 : 안녕하세요. 제가 빨레 르와이알을 찾고 있는데요.
행인 : 첫 번째 사거리에서 오른쪽 첫 번째 길로 가세요. 길 끝까지 가셔서 왼쪽으로 도세요. 당신 바로 앞에 빨레 르와이알을 보실 수 있으실 거예요.
민순 : 감사합니다.

[단어장]

un carrefour : 교차로, 사거리
prendre la première à droite : 오른쪽 첫 번째 길로 가다
aller jusqu'à :… 까지 가다
en face de : … 의 맞은 편에
juste : 바로, 꼭

[대화를 만들어보자]

1. Vous demandez le chemin pour aller chez un ami. Vous donnez l'adresse à une personne que vous croisez dans la rue. Imaginez et jouez le dialogue.
   당신은 친구 집 가는 길을 묻습니다. 당신은 길에서 마주친 사람에게 주소를 건네줍니다. 상상해보고 역할극을 해보세요.

2. Vous voulez retrouver un restaurant où vous aviez bien mangé. Vous le décrivez. Imaginez et jouez le dialogue.
   당신은 당신이 맛있게 먹었던 식당을 다시 찾고 싶습니다. 그 식당의 위치를 설명해보세요. 상상해보고 역할극을 해보세요.

[더불어 알아두자]

⊃ 위치 표현

- J'habite en ville/à la campagne à 20km de Suwon.
  나는 수원에서 20km 떨어진 도시/시골에서 산다.
- L'appartement se trouve en banlieue/en centre ville.
  아파트는 변두리/시내에 위치해 있다.
- La poste est à gauche (de l'église)/à droite (du stade)).
  우체국은 (교회의) 왼쪽에/(경기장의) 오른쪽에 있습니다.
- Le dictionnaire est derrière/sous/devant la porte.
  사전은 문 뒤에/아래에/앞에 있습니다.
- Elle habite au-dessus de chez nous/au-dessous de chez nous.
  그녀는 우리 집 위층에/우리 집 아래층에 삽니다.

➲ 간격/거리 표현

- La poste est (tout) près d'ici. 우체국은 여기서 (아주) 가까이 있습니다.
- La poste est (juste) à côté d'ici. 우체국은 (바로) 옆에 있습니다.
- La poste est (très) loin d'ici. 우체국은 여기서 (아주) 먼 곳에 있습니다.

➲ 길 안내 응용표현

- Il faut prendre à gauche. 왼쪽으로 가세요.
- Vous devez prendre la deuxième rue à droite. 오른쪽 두 번째 길로 가셔야만 합니다.
- Prenez la rue à droite/à gauche. 오른쪽/왼쪽 길로 가세요.
- Vous devez prendre l'avenue ~. …길로 가야만 합니다.
- Prenez la rue en face. 맞은편 길로 가세요.
- Il faut tourner à droite. 오른쪽으로 돌아가세요.
- Vous devez tourner à gauche après le feu. 신호등을 지나 왼쪽으로 돌아가세요.
- Tournez en face de ~. …의 맞은편에서 방향을 돌리세요.
- Il faut traverser la place. 광장을 가로질러 가세요.
- Vous devez traverser le pont. 다리를 건너셔야만 합니다.

5 En panne 고장

✓ Situation 1

Sylvie : Salut! Ma voiture fait encore des siennes. Je n'arrive de nouveau plus à la faire démarrer. Peux-tu m'aider?
Vincent : Oui, bien sûr. Ecoute, à première vue, je ne vois pas quel est le problème. Hier, tout était normal?
S : Oui, à part une odeur de brûlé à certains moments.
V : Ah, ça peut être dangereux. J'appellerais un garagiste professionnel.
S : Ah bon. Mais c'est tellement cher.
V : Oui, mais tu ne peux pas prendre de risque.
S : D'accord.

실비 : 안녕! 내 차에 귀찮은 일이 또 생겼어. 또 다시 시동이 더 이상 걸리지 않아. 나 좀 도와줄 수 있니?
뱅쌍 : 물론이지. 이봐, 언뜻 보기에는 무엇이 문제인지 알 수가 없는데. 어제는 아무 문제가 없었니?
실비 : 응, 어느 순간에 탄내가 난 것만 빼면.
뱅쌍 : 아, 위험해질 수도 있겠는 걸. 전문 자동차 정비공을 불러야겠어.
실비 : 아 그래. 하지만 그렇게 되면 정말 비싸잖아.
뱅쌍 : 그렇지, 하지만 위험을 지닐 수는 없는 일이잖니.
실비 : 알았어.

[단어장]

faire des siennes : 귀찮은 일이 생기게 하다
de nouveau : 다시, 재차
arriver à + inf : …하는데 이르다, 도달하다
faire+inf : 시키다, …하게 하다 (사역동사)
démarrer : 시동을 걸다, 출발하다
normal(e) : 정상의, 보통의
à part : 별도로, 따로, 예외적인
une odeur : 냄새, 향기
un brûlé : 타는 냄새, 불에 탄 것
à certains moments : 어느 순간에
dangereux(se) : 위험한, 중한, 해로운
garagiste : 자동차 정비 공장주인 (직공)
professionnel (le) : 직업의, 직업상의
tellement : 그토록, 그처럼, 매우
prendre de risque : 위험을 무릅쓰다, 위험한 짓을 감행하다

✓ Situation 2

Garagiste : Bonjour, madame. Qu'est-ce que je peux faire pour vous?
Madame : Je n'arrive pas à démarrer du premier coup depuis quelques jours.
G : Quel âge a votre voiture?
M : 8 ans. Mais elle est très bien entretenue. Elle a passé la contrôle technique le mois dernier.
G : Ça ne devrait pas être trop grave alors. Je vous propose de la garder ici jusque demain et de vous prêter une voiture de remplacement.
M : Très bien, merci.

정비공 : 안녕하세요. 무엇을 도와드릴까요?
부인 : 며칠 전부터 한 번에 시동이 걸리지 않네요.
정비공 : 차가 얼마나 되었죠?
부인 : 8년이요. 하지만 이 자동차는 관리가 아주 잘 되었는걸요. 지난달에 정밀검사를 받았어요.
정비공 : 그렇게 심각하지는 않을 것 같아요. 차를 내일까지 여기에 세워 두시고 대용으로 차를 빌려드리겠어요.
부인 : 알겠습니다. 고마워요.

[단어장]

premier coup : 첫 번에
depuis + 기간 : (기간) …이래로, …이래
entretenu(e) : 유지된, 보존된
un contrôle : (기계의 작동상태) 점검, 정비
le mois dernier : 지난 달

grave : 중대한, 중요한, 심각한
proposer à qn de + inf : …에게 …을 제안하다
prêter : 빌려주다
un remplacement : 교체, 대리, 대용

✓ Situation 3

Cliente : Bonjour, monsieur. Ma voiture fait un drôle de bruit depuis quelques kilomètres. Pourriez-vous vérifier mes freins?
Employé : Oui, bien sûr. Quand avez-vous fait votre dernier contrôle

technique?
C : Il y a 3 mois.
E : Et tout était en ordre?
C : Oui. Ma voiture n'a que 2 ans.
E : Un instant, je jette un coup d'œil au moteur aussi. Tout me paraît normal. Reprenez la route et si le bruit persiste, arrêtez-vous à la prochaine station service pour faire un contrôle plus poussé.
C : Il n'y a aucun risque que je perde le contrôle de ma voiture?
E : Non, ne vous inquiétez pas.
C : D'accord, merci.

손님 : 안녕하세요, 제 차가 몇 킬로미터 전부터 이상한 소음을 냅니다. 브레이크를 좀 봐 주실 수 있으세요?
정비공 : 네, 물론이죠. 언제 마지막으로 정밀 검사를 받으셨나요?
손님 : 3달 전에요.
정비공 : 모두 다 정상이었나요?
손님 : 네. 제 차는 2년 밖에 안 되었거든요.
정비공 : 잠시 만요, 엔진도 잠깐 볼게요. 다 정상으로 보입니다. 다시 길을 가보시고 소음이 계속 난다면 더 정밀한 검사를 위해 다음 정비소에서 세우세요.
손님 : 제가 차를 조정하지 못할 위험이 전혀 없을까요?
정비공 : 없습니다. 너무 걱정 마세요.
손님 : 네, 감사합니다.

[단어장]

drôle : 이상한, 우스운
un bruit : 소음
un frein : 제동기, 브레이크
être en ordre : 정상이다, 순조롭다
jeter un coup d'œil : …을 힐끗 보다
un moteur : 모터, 엔진
paraître : 나타나다, 출현하다, 생겨나다
reprendre la route : 다시 길을 가다
persister : 지속하다
s'arrêter : 멈춰서다
une station service : 정비소, 주유소
poussé(e) : 정교한, 고성능의
ne ~ aucun : 전혀 (조금도) …하지 않다, …이 없다
un risque : 위험, 위협
le contrôle : 조정, 조절, 점검

[더불어 알아두자]

➲ merci와 remercier 표현

⇛ merci + de + 명사/inf : …에 대해 감사하다

- Merci beaucoup (infiniment/mille fois) de ton aide.
  도와줘서 매우 (대단히) 고마워요.
- Merci d'être venu chez moi. 저희 집을 찾아주셔서 고맙습니다.

⇛ remercier qn + de(pour) +명사/inf : …에 대해 (…해주셔서) 감사합니다

- Je vous remercie de votre gentillesse. 당신의 친절에 감사드립니다.
- Je vous remercie de m'accueillir chaleureusement.
  저를 따뜻하게 맞아주셔서 감사드립니다.

➲ 사물을 물을 때

- Qu'est-ce que c'est? 이것은 무엇입니까?
- C'est quoi, ce machin?/ce truc? 이것은 뭐야?
- A quoi ça sert? 어디에 쓰는 거니?
- En quelle matière? 어떤 재료로?

➲ 사물을 묘사할 때

- 형태 : Il/Elle/C'est carré/rond/rectangulaire/triangulaire.
  그것은 정사각형이다/원이다/직사각형이다/삼각형이다.
- 색깔 : Il/Elle/C'est blanc/noir/bleu/rouge/gris/vert/jaune.
  그것은 희다/검다/파란색이다/빨간색이다/회색이다/초록색이다/노란색이다.
- 상태 : Il/Elle/C'est neuf/ancien/impeccable/cassé/abîmé.
  그것은 새 것이다/오래된 것이다/나무랄 데 없다/깨졌다/못쓰게 되었다.
- 재료 : Il/Elle/C'est en bois/plastique/verre/fer/papier/carton/cuir.
  그것은 나무/플라스틱/유리/철/종이/마분지/가죽으로 되어있다.
- 사용 : Ça sert à lire./On l'utilise pour travailler/Avec, on peut réparer.
  이건 읽을 때 사용해./일할 때 그걸 쓴다./이걸로 고칠 수 있어.

➲ 이유·원인을 물어보고자 할 때

- Pourquoi? 왜요?
- C'est à cause de quoi? 무엇 때문인가요?
- Ça vient d'où? 어디서 문제가 일어난 거죠?
- C'est dû à quoi? 무엇에서 일어난 문제인가요??

➲ 인과관계를 표현하고자 할 때

- C'est parce que le phare est cassé. (차량의) 헤드라이트가 깨졌기 때문이다.
- C'est à cause de la direction. 그건 (자동차의) 방향 조절장치 때문이다.
- Ça vient de la batterie. 밧데리에 문제가 있다.
- C'est dû à l'âge de votre voiture. 당신의 차가 오래되어서 그렇습니다.

➲ 무언가를 하라고 조언하고자 할 때

- Il faudrait le changer. 그걸 바꿔야한다.
- Il vaut/vaudrait mieux le changer. 그것을 바꾸는 것이 더 낫다.

➲ 교통 관련 단어

les deux sens (도로) 쌍방향
les heures de fort trafic 교통체증 시간대(러시아워)
l'info-trafic 교통정보
la prévision de trafic 교통정보 예보
le ralentissement 감속
le trafic 교통(량)
le trafic en temps réel 실시간 교통정보
le véhicule 자동차, 탈것
la visibilité 가시거리

➲ 의욕·의지가 저하됨을 표현 할 때

- J'en ai assez!/J'en ai marre!/J'en ai ras-le-bol!/Je suis découragé(e)
  이젠 질렸어!/지긋지긋해!/신물이나!/나 실망했어.
- Je n'en peux plus. 더 이상은 못하겠다.

6 Le code de la route 도로 교통 법규

✓ Situation 1

Police : Madame, vous venez de passer un sens interdit!
Madame : Oh, monsieur l'agent, je suis désolée. Je n'avais pas vu le panneau. Il n'est pas assez grand?
P : Ah, non. Avez-vous vos papiers? Permis de conduire, carte grise? Mais, votre assurance est périmiée.
M : Oui, excusez-moi. J'ai oublié d'aller chercher le nouveau certificat.
P : Deux infractions. Je suis obligé de vous mettre une amende.
M : Monsieur l'agent, soyez gentil!

경찰 : 금지된 방향으로 지나오셨습니다, 부인!
부인 : 오, 경찰관 아저씨, 죄송합니다. 제가 표지판을 못 봤어요. 표지판이 너무 작지 않나요?
경찰 : 아닙니다. 신분증 있으십니까? 운전 면허증이나 자동차 등록증은요? 그런데 당신의 보험은 기한이 만료되었습니다.
부인 : 네, 죄송합니다. 제가 새로운 증명서를 받으러 가는 것을 잊어버렸어요.
경찰 : 두 가지 위반. 당신에게 벌금을 물릴 수밖에 없습니다.
부인 : 경찰관님, 좀 봐주세요.

[단어장]

un sens : 방향, (진행) 방향
interdit(e) : 금지된
un agent : 순경
un panneau : 광고판, 표지판
papiers : (복수일 경우 특히) 신분증명서
un permis de conduire : 운전면허증
une carte grise : 자동차등록증
une assurance : 보험
périmé(e) : 기간이 지난, 무효가 된
oublier de + inf : …하는 것을 잊다
aller + chercher : …을 찾으러 가다
un certificat : 증명서, 증서
une infraction : 위반, 위배
être obligé(e) de + inf : …할 의무가 있는, 어쩔 수 없는, 불가피한
mettre à qn + une amende : …에게 벌금(형)을 내리다
Soyez gentil. : 상냥하게 대하세요, 친절하게 대하세요.

✓ Situation 2

Madame : Bonjour, qu'est-ce que vous faites?
Police : Je vous colle une contravention.
M : Oh! Mais pour quelle raison?
P : Vous ne savez pas lire ; "Interdiction de stationner entre 7 heures et 17 heures".
M : Oh, monsieur l'agent, je ne suis restée que 10 minutes, le temps d'aller à la pharmacie acheter des médicaments pour mon amie qui a 38 de fièvre.
P : Dans ce cas, je ne vous mets pas de contravention mais vous auriez dû laisser un mot sur votre pare-brise.
M : Excusez-moi mais je suis perturbée à cause de la fièvre de mon amie.
P : Je comprends mais vous devez faire attention la prochaine fois.
M : D'accord. Merci.

부인 : 안녕하세요, 뭐하고 계시는 거죠?
경찰 : 당신에게 교통법규 위반 딱지를 떼고 있는데요.
부인 : 오! 하지만 무슨 이유로요?
경찰 : 읽을 줄 모르시나요 : "7시에서 17시 사이에 주차금지"
부인 : 오, 경관님, 전 10분 정도밖에 안 세웠습니다. 열이 38도나 되는 제 친구 때문에 약을 사러 약국에 가는 시간요.
경찰 : 그런 경우라면 교통 법규 위반 딱지를 떼지는 않겠습니다만, 차 앞 유리에 짧은 메모를 남기셨어야 했어요.
부인 : 죄송합니다, 하지만 친구의 발열 때문에 제가 정신이 없었습니다.
경찰 : 이해합니다만 다음번에는 주의하셔야 합니다.
부인 : 알겠습니다, 감사합니다.

[단어장]

coller : 붙이다, 부착하다
une contravention : (법)위반, (특히) 교통 법규 위반
une raison : 이유, 동기, 원인
une interdiction de stationner :주차금지
entre A et B : A에서 B 사이에
la pharmacie : 약국
un médicament : 약

une fièvre : 열, 발열
dans ce cas : 이런 경우에
laisser un mot : 메시지를 남기다
un pare-brise : (자동차의) 앞 유리창
perturber : 혼란케 하다, (의) 마음을 어지럽히다
à cause de : …때문에
faire attention : 주의하다

[더불어 알아두자]

➲ 의무를 표현할 때

- Il faut écouter. 들어야만 합니다.
- Il faut que vous écoutiez. 당신은 들어야만 합니다.
- Il faut tourner. 돌려야합니다.
- Vous êtes obligé de tourner. 당신은 반드시 돌려야만 합니다.
- J'exige que vous sortiez. 당신이 나가주셨으면 하는데요.
- Vous devez sortir. 나가셔야 합니다.

➲ 경고를 표현할 때

- Je vous signale que c'est obligatoire. 나는 당신에게 그것이 의무이라는 걸 알려드립니다.
- Je vous rappelle que c'est interdit. 나는 당신에게 그것이 금지라는 것을 상기시켜 드리겠습니다.
- Je vous préviens que c'est dangereux. 나는 당신에게 그것이 위험한 것이라고 경고합니다.
- Attention! C'est difficile! 조심해! 그건 어려워!

➲ 사과나 용서를 구할 때

- Je vous prie de m'excuser. 당신께 용서를 빌겠어요.
- Oh, excusez-moi, je ne l'ai pas fait exprès. 오, 실례합니다, 일부러 그런 것이 아니었어요.
- (Je suis) dédolé(e), j'ai oublié. 죄송합니다, 제가 잊었네요.
- Je regrette mais je suis obligé de ~. 죄송합니다만 제가 …하지 않을 수가 없습니다.

➲ 무언가를 요구할 때

➾ 정중하게

- Auriez-vous la gentillesse de ~? …을 도와주시면 고맙겠습니다. …을 좀 도와주시겠습니까?
- Auriez-vous l'amabilité de ~? …해 주실 수 없을까요?
- Je voudrais que vous fassiez ~. …을 해주셨으면 합니다.
- J'aimerais que vous laviez ~. …을 세탁해주셨으면 좋겠습니다.

➾ 강경하게

- Faites ~. …을 하십시오.
- Veuillez faire ~. …하시지요.
- Je vous prie de faire ~. …을 하시기 바랍니다.

➾ 의무감을 표현하면서

- Il faut que vous fassiez ~. …을 반드시 하셔야 합니다.
- Vous devez faire ~. …을 하셔야 합니다.
- Je vous charge de faire ~. …을 당신에게 맡기겠습니다.

- Je veux que vous fassiez ~. 당신이…을 했으면 합니다.

➾ 금지를 표현하면서

- Je vous/te défends de faire ~. 나는 당신이/네가… 하는 것을 금지합니다/금지한다.
- Je vous/t'interdis de ~. 나는 당신이/네가 …하는 것을 금합니다/금한다.
- Je ne veux pas que vous fassiez ~. 나는 당신이…하는 것을 원하지 않습니다.

➲ 사고 관련 표현

- Ce matin, j'ai eu un accident de voiture. 나는 오늘 아침 자동차 사고를 당했어.
- Il m'est arrivé une accident de voiture ce matin. 오늘 아침 내게 자동차 사고가 났어.
- Un terrible accident de la circulation a eu lieu samedi après-midi.
  끔찍한 교통사고가 토요일 오후에 발생했다.
- Quatre sont morts et sept blessés graves dans cet accident.
  이 사고로 네 명이 사망했고 일곱 명이 중상을 입었다.
- Des automobilistes doivent respecter les limitations de vitesse.
  자동차 운전자들은 제한 속도를 지켜야 한다.
- Les excès de vitesse sont un délit le plus fréquent. 속도위반은 가장 빈번한 범법행위이다.

➲ 주차 관련 표현

- Vous devez regarder les panneaux de stationnement avant de garer votre véhicule.
  차를 주차하기 전에 주차 안내판을 주시해야 합니다.
- Il ne faut pas se garer sur les trottoirs afin d'éviter une amende.
  벌금을 물지 않으려면 보도 위에 주차를 하지 마세요.
- On ne peut pas stationner ici. 이곳에 주차할 수 없습니다.
- Le stationnement strictement interdit 절대 주차금지
- Voitures de tourisme seulement 승용차 전용 (주차장)
- Le stationnement autorisé provisoirement 일시적으로 허용된 주차장
- Le parking strictement réservé au personel et aux visiteurs de Samsung
  삼성직원 및 고객 전용 주차장
- Défense de stationner. = Stationnement interdit. 주차금지

➲ 허가 및 금지 표현

➾ Il est permis/conseillé/interdit/défendu de + inf. …하는 것이 허용되다/…할 것을 권고하다/…이 금지되다/금지되다

- Il est permis de boire dans la salle de lecture. 도서실에서 음료수를 마시는 것이 허용됨.
- Il est conseillé d'éteindre votre téléphone mobile. 핸드폰을 꺼주시기를 권고합니다.
- Il est strictement interdit de fumer dans cette salle. 이 강의실에서는 절대적으로 흡연을 금함.
- Il est fortement défendu d'uriner à cet endroit. 이곳에 소변보는 것을 엄히 금지함.

UNITE 3
상점이용과 관련된 상황

1 Au supermarché 수퍼마켓에서

✓ Situation 1

Client : Bonjour. Ma voisine a acheté hier du fromage de chèvre en promotion. Est-ce qu'il y en a encore?
Vendeuse : Oui, il y en a encore. Vous en trouverez dans le rayon fromagerie.
C : Avez-vous d'autres promotions en ce moment?
V : Vous verrez des étiquettes vertes en dessous des articles en promotion.
C : Merci beaucoup.
(après les coures)
C : Je vous dois combien?
V : Ça fait 23 €, s'il vous plaît.
C : Voilà ma carte de crédit.
V : Je suis désolée, mais vous devez changer de caisse si vous voulez payer avec votre carte de crédit.
C : Ah bon! Je ne le savais pas. Mais j'ai aussi mon chéquier.
V : Très bien. Ne le remplissez pas. La machine le fait pour vous. Veuillez signer. Avez-vous une pièce d'identité?
C : Voilà ma carte d'identité.
V : Merci.

손님 : 안녕하세요. 제 이웃이 어제 염소 치즈를 세일된 가격에 샀더라고요. 아직도 그게 있나요?
판매자 : 네, 아직 남아 있을 겁니다. 치즈 코너에서 찾아보세요.
손님 : 혹시 지금 다른 세일 품목도 있나요?

판매자 : 세일중인 품목들 밑에 초록색 라벨들이 있는 게 보이실 거예요.
손님 : 감사합니다.
(장을 보고난 후)
손님 : 얼마죠?
판매자 : 23유로입니다.
손님 : 여기 제 신용카드요.
판매자 : 죄송합니다만 카드로 계산하시려면 다른 계산대로 가셔야 합니다.
손님 : 아 그래요! 그걸 몰랐네요. 그런데 저는 수표책도 있어요.
판매자 : 잘되었네요. 작성하지는 마세요. 기계가 작성할거에요. 사인해 주세요. 신분증이 있으신가요?
손님 : 신분증 여기 있습니다.
판매자 : 감사합니다.

[단어장]

voisin(e) : 이웃(사람)
le fromage de chèvre : 염소치즈
une promotion : 판매촉진(활인판매) 상품
le rayon : (백화점 따위의) 매장, 코너
une fromagerie : 치즈 소매점
en ce moment : 지금, 현재
une étiquette : 가격표, 명찰, 라벨
en dessous de : …아래의, 이하의
un article : 상품, 물품
Je vous dois combien? : 당신에게 얼마를 지불해야 하지요? 값이 얼마입니까?

Ça fait ~ : (가격이) …이다
la carte de crédit : 신용카드
changer de + 무관사 명사 : …을 바꾸다
une caisse : 계산대
payer : 지불하다
le chéquier : 수표책
remplir : (서류 따위에) 필요한 사항을 써넣다
la machine : 기계, 기구
Veuillez ~ : vouloir의 2인칭 복수 명령
signer : 서명하다
une pièce d'identité : 신분증

✓ Situation 2

Cliente : Bonjour. Excusez-moi, pouvez-vous me dire où je peux trouver des légumes en conserve?
Employé : Ça se trouve dans le 4ème rayon au fond à gauche, à côté des bocaux de fruits.
C : Je cherche aussi du papier collant.
E : Vous en trouverez dans le rayon juste en face des caisses.

C : Je suis passé là et je n'en ai pas trouvé.
E : C'est qu'ils viennent de les changer de rayon. Un instant, je vais me renseigner.
C : Merci beaucoup.
E : C'est toujours dans le même rayon mais nous sommes en rupture de stock.
C : Quand est-ce que ça rentrera?
E : Normalement, mercredi prochain.

손님 : 안녕하세요, 통조림으로 된 야채들을 어디에서 찾을 수 있는지 말해줄 수 있나요?
직원 : 왼쪽 안쪽에 있는 4번째 코너에 있습니다. 병에 저장된 과일 옆에요.
손님: 스티커도 찾고 있어요.
직원 : 그것은 계산대 바로 정면에 있는 코너에서 찾을 수 있어요.
손님 : 거기에 갔었지만 그걸 못 찾았는데요.
직원 : 그 코너는 얼마 전에 바뀌었어요. 잠시만 기다려 보세요, 제가 알아보겠습니다.
손님 : 감사합니다.
직원 : 스티커는 여전히 같은 코너에 있는 게 맞지만 재고가 부족하네요.
손님 : 언제 다시 들어올 예정인가요?
직원 : 일반적으로 다음주 수요일입니다.

[단어장]

des légumes : 야채, 채소
en conserve : 통조림으로
se trouver : 있다, 존재하다, 발견하다
au fond : 깊숙한 곳, 안쪽, 속
à côté de ~ : …의 옆에, …의 가까이에
un bocal de fruits : (병에) 저장된 과일
un papier collant : 스티커
juste : 바로, 꼭
en face de : …의 맞은편에, 앞에
passer : 지나가다, 통과하다
se renseigner : …에 관해 문의(조회)하다
être en rupture de stock : 재고가 부족하다

[대화를 만들어보자]

1. Vous ne trouvez pas la marque de yaourt que vous achetez habituellement. Vous demandez à un employé s'ils en vendent encore. Imaginez et jouez le dialogue.

   당신은 평소에 사던 요구르트 상표를 찾을 수 없습니다. 당신은 종업원에게 아직도 그걸 판매하는지 묻습니다. 상상해보고 역할극을 해보세요.

2. Vous voulez acheter un produit que vous avez vu en promotion dans le journal du quartier. Vous demandez à l'empoyé où il se trouve. Imaginez et jouez le dialogue.

당신은 지역신문에서 본 세일 제품을 사고 싶습니다. 당신은 그것이 어디에 있는지 종업원에게 묻습니다. 상상해보고 역할극을 해보세요.

[더불어 알아두자]

➲ 가격 묻기와 대답

➾ …의 가격이 얼마입니까?

- Combien ça coûte?
- Ils(elles) sont à combien?
- C'est combien?
- Combien vous dois-je?
- Quel est son prix?
- Ça fait combien (en tout)?
- Combien est-ce?
- Ça coûte combien?
- Je vous dois combien?

→ Ça coûte 60 €. 60유로 입니다.
Vous me devez 25 €. 25유로 입니다.
Ça (vous) fait 33 €. 33유로입니다.

➲ 무엇을 원하는지 묻기와 대답

➾ 무엇을 원하세요?

- Que désirez-vous?
- Vous désirez quoi?
- Qu'est-ce que vous désirez?
- Vous désirez?
- Que cherchez-vous?
- Qu'est-ce que vous voulez?
- Il vous faut autre chose? 다른 것이 필요하신가요?

➾ Je voudrais + 명사(물건) : 나는 …을 원한다.

- Je voudrais un mini-jupe. 미니스커트를 사려고 하는데요.

➾ Il faut + 명사 : …이 필요하다

- Il me faut deux tomates. 나는 토마토 두 개가 필요합니다.

➲ 물건 수량에 관한 표현

- Je voudrais deux cents grammes de jambon. 햄 2백 그램 주세요.
- Je voudrais un paquet de biscuits et un pot de crème. 비스킷 한 상자와 크림 한 병 주세요.
- Il me faut un paquet de lessive. 세제 한 박스가 필요합니다.
- Il me faut un morceau de fromage, une tranche de jambon.
  치즈 한 조각, 슬라이스 햄 한 조각이 필요합니다.
- Donnez-moi un tube de mayonnaise. 마요네즈 튜브 한 개 주세요.
- Donnez-moi une boîte de sardines! 정어리 한 상자 주세요.
- Je vais prendre une bouteille d'huile. 기름 한 병을 살 거예요.

➲ 기타 표현

- A quelle heure ouvre le magasin? 상점은 몇 시에 문을 엽니까?
- Quel est le jour de fermeture? 무슨 요일 날 휴업합니까?
- Pouvez-vous livrer (faire) une livraison à cette adresse. 이 주소로 배달해 주시겠습니까?
- Ce n'est pas ce que j'ai demandé (commandé). 이것은 내가 주문한 것이 아닙니다.
- Ce n'est pas complet. 전부가 아닙니다.
- Il manque quelque chose. 무언가 모자라는군요.
- Cet article est abîmé. 이 품목은(겉에) 흠이 있어요.
- Ce produit est cassé. 이 상품은 파손됐습니다.
- Combien en voulez-vous? (= Vous en voulez combien?) 당신은 얼마큼을 원하십니까?
- Est-ce que les fruits sont mûrs/frais? 과일이 잘 익었습니까/싱싱합니까?
- Quel morceau voulez-vous? 어떤 부위를 원하십니까?

➲ 상품 판매장 (코너)

le rayon boucherie 정육 매장
le rayon charcuterie 돼지고기 제품 매장
le rayon poisson 생선 매장 (=rayon poissonnerie)
le rayon fromages 치즈 매장
le rayon vin 포도주 매장
le rayon fruits et légumes 과일·채소 매장
le rayon vêtement 의류 매장
le rayon électroménager 가전제품 매장

2 Au marché 시장에서

✓ Situation 1

Marchand : Bonjour, madame.
Cliente : Bonjour. Je voudrais 1 kg de carottes, s'il vous plaît. Je vois que vous avez des melons aujourd'hui.
M : Oui, ils viennent d'arriver.
C : Mettez m'en 2, s'il vous plaît.
M : Très bien. Ce sera tout?
C : Non, je vais aussi prendre 2 kg de tomates.
M : Voici.
C : Je mets tout ça sur votre compte?
M : Oui, merci.
C : Au revoir, à demain.

상인 : 안녕하세요, 부인.
손님 : 안녕하세요. 당근 1킬로만 주세요. 오늘 멜론이 있네요.
상인 : 예, 방금 전에 도착한 것들이에요.
손님 : 그거 2개만 주세요.
상인 : 알겠습니다. 이게 다 입니까?
손님 : 아니요, 토마토 2킬로 주세요.
상인 : 여기 있습니다.
손님 : 이것들 모두 당신 장부에 기입하면 되지요?
상인 : 네, 감사합니다.
손님 : 안녕히 계세요, 내일 뵈요.

[단어장]

une carotte : 당근
1 kg de ~ : 1킬로의 …
un melon : 멜론
mettre : (donner) 주다

Ce sera tout? : 이게 다인가요?
prendre : (물건을) 사다
un compte : 계산(서)
mettre qch sur un compte : (장부에) …을 기입하다

✓ Situation 2

Marchand : C'est à vous, madame. Que désirez-vous?
Cliente : Deux kilos de pommes de terres, s'il vous plaît.
M : Voilà deux kilos. Ça fera 6,60 €. Et avec ça?
C : Les oranges sont belles aujourd'hui. Pouvez-vous m'en donner un kilo?
M : Voilà, un kilo. C'est 4 €. Et avec ça?
C : Avez-vous des abricots?
M : Non, il n'y en a pas, aujourd'hui. Vous avez besoin d'autre chose?
C : Non, ce sera tout. Ça fait combien?
M : 6,60 € et 4 €, ça fait 10,60 €, s'il vous plaît.
C : Voilà 10,60 €. Merci. Au revoir, monsieur.
M : Merci, au revoir.

상인 : 부인 차례입니다. 무엇을 원하세요?
손님 : 감자 2킬로 주세요.
상인 : 여기 2킬로 있어요. 6,60유로입니다. 그리고요?
손님 : 오늘 오렌지가 너무 좋네요. 1킬로 주시겠어요?
상인 : 여기요, 1킬로그램. 4유로입니다. 그리고 또요?
손님 : 살구 있으세요?
상인 : 아니요. 그건 오늘 없습니다. 다른 것이 더 필요하신가요?
손님 : 아니요. 그게 다에요. 얼마죠?
상인 : 6,60유로랑 4유로, 총 10,60유로입니다.
손님 : 여기 10,60유로요. 감사합니다. 안녕히 계세요.
상인 : 감사합니다, 안녕히 가세요.

[단어장]

C'est à vous. : 손님 차례입니다.
Que désirez-vous? : 무엇을 원하세요?
une pomme de terre : 감자
Et avec ça? : 그리고 다른 것은요?

beau(belle) : 보기 좋은, 더 좋은
un abricot : 살구
avoir besoin de qch : …이 (하는 것이) 필요하다
Ça fait combien? : 총 얼마인가요?

[대화를 만들어보자]

1. Vous êtes dans un pays étranger et vous entrez dans une épicerie. Vous ne connaissez pas les fruits et légumes qui sont en vente. Imaginez et jouez le dialogue.
   당신은 외국에 있고 한 식료품 가게에 들어갑니다. 당신은 그곳에서 파는 과일과 채소들을 모릅니다. 상상해보고 역할극을 해보세요.

2. Votre femme vous a envoyé à l'épicerie mais vous ne trouvez ce qu'elle vous a demandé d'acheter. Imaginez et jouez le dialogue.
   당신의 아내가 당신을 식료품 가게로 보냈지만 당신은 그녀가 사오라고 부탁한 것을 찾지 못합니다. 상상해보고 역할극을 해보세요.

[더불어 알아두자]

➲ 과일이나 야채 고를 때

- Les fraises sont-elles bonnes? 딸기 맛이 좋은가요?
- Les fraises sont sucrées? 딸기가 달아요?
- Les tomates ne sont pas fraîches. 토마토가 싱싱하지 않군요.

➲ 가격 묻기

- Combien coûte un kilo de pomme? 사과 1킬로에 얼마죠?
- Combien coûte un litre de ~? …은 1리터에 얼마죠?

➲ 과일 종류

l'abricot 살구
la banane 바나나
la clémentine 귤
la fraise 딸기
la mangue 망고
la nectarine jaune 황도 복숭아
la pastèque 수박
la poire 배
le pruneau 자두
l'ananas 파인애플
la cerise 체리
le citron 레몬
le kiwi 키위
le melon 메론
l'orange 오렌지
la pêche 복숭아
la pomme 사과
le raisin 포도

➲ 채소 종류

l'ail 마늘
un brocoli 브로콜리
le champignon 버섯
le concombre 오이
la courgette 호박
la laitue 상추
l'oignon [오뇽] 양파
le piment 고추
le poivron 피망
un poivron vert 초록 고추
la salade 샐러드
l'aubergine 가지
la carotte 당근
le choux chinois (한국)배추
le cornichon 피클
l'épinard 시금치
le navet blanc 무
le petit pois 완두콩
le poireau 큰 파
un poivron rouge 붉은 고추
la pomme de terre 감자

➲ (향신료용) 식물 종류

le basilic 바질릭(박하 비슷한 식물)
les herbes de Provence 프로방스의 향신료
la menthe 민트
le persil 파슬리

➲ 단위 표현

➾ 단위별 가격 표시 : 가격 + le + 단위

- 2 € le kilo : 킬로 당 2유로
- 1,40 € le litre : 리터 당 1유로 40상팀

3 A la boulangerie 빵가게에서

✓ Situation 1

Cliente : Bonjour, samedi, nous faisons une fête pour l'anniversaire de maman. Je voudrais commander un gâteau pour 12 personnes, s'il vous plaît.
Boulanger : Quel type de gâteau?
C : Heu. Je ne sais pas trop. Quelle est votre spécialité?
B : Nous faisons de très bons gâteaux à la crème et aux fruits frais.
C : Hum. C'est sûrement très bon? Et assez léger?
B : Oui.
C : Combien ça coûte?
B : C'est 15 € par personnes.
C : D'accord. Dois-je vous donner un acompte?
B : Oui, 10% d'acompte, s'il vous plaît.
C : Voici.
B : Merci. A samedi.

손님 : 안녕하세요, 토요일에 엄마의 생신 축하 파티를 할 거예요. 12인분 케이크를 주문하고 싶은데요.
빵집 주인 : 어떤 스타일의 케이크를 원하세요?
손님 : 음. 잘 모르겠어요. 어떤 걸 전문으로 하시나요?
빵집 주인 : 저희는 신선한 과일 크림 케이크를 아주 잘 굽죠.
손님 : 음. 정말로 맛있나요? 그리고 소화가 잘되나요?
빵집 주인 : 그럼요.
손님 : 얼마죠?
빵집 주인 : 한 사람당 15유로입니다.
손님 : 알겠습니다. 제가 일부를 선불해야하나요?
빵집 주인 : 네, 총 금액의 10%를 선불 하셔야 합니다.
손님 : 여기요.
빵집 주인 : 감사합니다. 토요일에 뵙겠습니다.

[단어장]

une fête : 축제일, 파티
un anniversaire : 생일
quel type de ~ : 어떤 스타일의…
la spécialité : 전공, 전문

la crème : 크림, 유지
un fruit frais : 신선한 과일
frais(fraîche) : 싱싱한, 신선한
sûrement : 확실하게
léger(ère) : (음식이) 소화가 잘 되는, 가벼운
par : (단위) 마다
un acompte : 분할 지불금, 선금

✓ Situation 2

Boulanger : Bonjour.
Cliente : Bonjour. Je voudrais acheter des tartes aux fruits.
B : Pour combien de personnes?
C : 20 personnes.
B : Nous avons des tartes aux pommes, aux prunes, aux abricots et aux fraises.
C : Je vais prendre une tarte aux pommes, une aux abricots et une aux fraises.
B : Je vous mets des tartes pour 6 ou 8 personnes?
C : Celle aux fraises pour 8 personnes, les deux autres pour 6 personnes, s'il vous plaît.
B : Voici. C'est tout?
C : Non. Je voudrais un grand pain et quatre pains au chocolat, s'il vous plaît.
B : Je sius désolé, nous n'avons plus de pains au chocolat.
C : Oh, comme c'est dommage! Je vais prendre des simples croissants à la place.
B : Très bien. Ça fera 42€ en tout.
C : Voici.
B : Merci, au revoir.

빵집 주인 : 안녕하세요.
손님 : 안녕하세요. 과일 파이를 사고 싶은데요.
빵집 주인 : 몇 명분이 필요하세요?
손님 : 20명이요.
빵집 주인 : 저희는 사과파이, 자두파이, 살구파이 그리고 딸기파이가 있습니다.
손님 : 저는 사과파이 하나, 살구파이 하나 그리고 딸기파이 하나를 살께요.
빵집 주인 : 6인용 파이로 드릴까요 아니면 8인용 파이로 드릴까요?
손님 : 딸기파이는 8인용으로 주시고, 다른 두 파이는 6인용으로 주세요.
빵집 주인 : 여기 있습니다. 이게 다인가요?
손님 : 아니요. 큰 빵 한 개와 초콜릿 빵 4개 주세요.
빵집 주인 : 죄송합니다만, 저희가 초콜릿 빵이 떨어졌네요.

손님 : 오, 이런 안타까운 일이! 그럼 그 대신 아무것도 첨가하지 않은 크로와쌍으로 주시겠어요.
빵집 주인 : 알겠어요. 모두 42유로입니다.
손님 : 여기 있습니다.
빵집 주인 : 감사합니다. 안녕히 가세요.

[단어장]

une tarte aux fruits : 과일 파이
combien de + 무관사 명사 : (수량이) 얼마 만큼, 얼마나
une pomme : 사과
une prune : 자두
un abricot : 살구
une fraise : 딸기
mettre : 주다
celui (celle) : 그것
un pain au chocolat : 초콜렛 빵
Comme c'est dommage! : 이렇게 안타까울 수가!
prendre : (물건을) 사다
simple : 간단한, 단순한
un croissant : 크로와쌍 (초승달 모양의 빵)
à la place : (… 의) 대신에, … 의 입장에

[대화를 만들어보자]

1. Tous les matins, vous allez à la même boulangerie acheter la même chose.: trois baguettes, une tarte aux pommes, un sandwich. Imaginez et jouez le dialogue.
   매일 아침 당신은 같은 것을 사기 위해 같은 빵집을 갑니다. : 바케트 3개, 사과파이 한 개, 샌드위치 한 개. 상상해보고 역할극을 해보세요.

2. Vous avez très envie de manger des pains au chocolat mais il n'y en a plus. Imaginez et jouez le dialogue.
   당신은 초콜릿 빵이 너무나 먹고 싶지만 다 떨어졌습니다. 상상해보고 역할극을 해보세요.

[더불어 알아두자]

➲ **vouloir** 동사의 다양한 표현

➾ vouloir + 명사 : …을 원하다

- Je voudrais une baguette. 나는 바게트 하나를 원합니다.

- Voulez-vous encore du potage? 수프를 더 드시겠습니까?

➾ vouloir + inf : …하기를 원하다

- Je veux passer le week-end au bord de la mer.
  나는 이번 주말을 바닷가에서 보내고 싶어.

➾ vouloir + que 주어 + 동사(접속법) : …이기를 바라다

- Tu veux qu'on aille passer ce mois à la campagne?
  너는 이번 달을 시골에서 보내기를 원하니?

➾ vouloir + qch/qn + 속사 : …(qch/qn)이 …이기를 원하다

- Je te veux heureux(se). 나는 네가 행복해지기를 원해.

➲ 상점과 상인 명칭

la boucherie 소고기 정육점/boucher(ère)
la boulangerie 빵집/le boulanger(ère)
la charcuterie 돼지고기 푸줏간 (정육점)/charcutier(ère)
la chocolaterie 초콜릿 상점/chocolatier(ère)
la crèmerie 유류 제품점/le crémier(ère)
l'épicerie 식료품점/épicier(ère)
la pâtisserie 제과점/pâtissier(ère)

➲ 케익과 과자

une tarte aux fraises/aux poires/aux pommes 딸기/배/사과 파이
un gâteau au chocolat/au café/à la crème 초코/커피/크림 케익
une mousse au chocolat 초코릿 무스
un sandwich au jambon/au fromage 햄/치즈 샌드위치
un croissant 크로아쌍
un pain de son 밀기울 빵
un pain de mie (샌드위치나, 토스트의) 껍질이 부드러운 빵
une brooche 브리오슈

4 Au magasin de vêtements 옷가게에서

✓ Situation 1

Vendeur : Bonjour, madame.
Cliente : Bonjour. Est-ce que je peux essayer la jupe noire qui est dans la vitrine, s'il vous plaît?
V : Oui, bien sûr, madame. Les cabines sont au fond. [Quelques minutes après.] Alors, ça va? C'est la bonne taille?
C : Non. Elle me serre un peu.
V : Voulez-vous essayer une taille au-dessus?
C : Oui, je veux bien. Je fais du 36, mais apparemment elle n'est pas assez grande.
V : Je vous apporte un 38. [Quelques minutes plus tard.] Alors, C'est mieux?
C : Oui, je pense que ça va. Ça me plaît beaucoup.
V : Cette couleur vous va très bien.
C : Donc, je la prends. Combien elle coûte?
V : Elle coûte 99,50 €.

판매원 : 안녕하세요, 부인.
손님 : 안녕하세요, 진열대에 있는 검은색 치마를 입어볼 수 있을까요?
판매원 : 네, 물론이죠. 탈의실은 저쪽 끝에 있습니다. (몇 분이 흐른 뒤) 자, 어떠세요? 사이즈가 맞나요?
손님 : 아니오. 제게 좀 끼는데요.
판매원 : 한 치수 큰 걸로 입어보시겠어요?
손님 : 네, 그랬으면 좋겠어요. 제가 36 사이즈를 입는데 언뜻 보기에 이 치마는 좀 작은 것 같네요.
판매원 : 38 사이즈 가져왔습니다. (몇 분이 흐른 뒤) 자, 좀 나으세요?
손님 : 네. 제 생각엔 괜찮은 것 같아요. 아주 맘에 들어요.
판매원 : 이 색깔이 손님과 참 잘 어울리는데요.
손님 : 그럼, 이걸로 살게요. 얼마죠?
판매원 : 99.50 유로입니다.

[단어장]

une jupe : 치마

essayer : (맞는지) 입어 (신어)보다

la vitrine : 진열장, 쇼윈도우
une cabine : (특정 용도의) 작은 공간, (옷가게의) 옷 입어보는 곳
au fond : 안, 안쪽, 깊숙한 곳
serrer : (몸에) 짝 달라붙다, 꽉 끼다
au-dessus : 위에
une taille : (옷의) 크기, 사이즈
faire du 36 : 36 사이즈를 입는다
apparemment : 언뜻 보아, 겉보기에, 아마도
C'est mieux? : 이게 더 나은가요?
apporter : 가져오다
plaire à qn : …의 마음에 들다
une couleur : 색
aller à qn : (에) 맞다, 어울리다

✓ Situation 2

Client : Bonjour, madame. J'ai acheté ce pantalon il y a quatre jours mais il est trop petit. Est-ce que je peux l'échanger pour avoir la taille au-dessus?
Vendeuse : Bien sûr, monsieur, pas de problème. Avez-vous le ticket de caisse?
C : Ah non, je ne l'ai pas. Je ne sais pas où il est. Je pense que je l'ai perdu.
V : On ne peut pas échanger un article sans le ticket de caisse !
C : J'ai peut-être encore le ticket de carte bleue. Est-ce que ça ira?
V : D'accord, ça pourra aller. Mais la prochaine fois, n'oubliez pas de garder votre ticket de caisse, si vous voulez faire un échange ou être remboursé!
C : D'accord. Merci, madame.

손님 : 안녕하세요. 제가 4일 전에 바지를 하나 샀는데요, 너무 작네요. 한 치수 큰 것으로 바꿀 수 있을까요?
판매원 : 그럼요 손님, 문제없습니다. 영수증 가지고 계세요?
손님 : 아, 아니요. 영수증이 없는데요. 어디에 두었는지 모르겠네요. 아무래도 잃어버린 것 같아요.
판매원 : 저희는 영수증 없이는 물건을 바꿔드릴 수가 없는데요!
손님 : 아마 카드결제 영수증은 있을지도 몰라요. 그것으로도 괜찮은가요?
판매원 : 알겠습니다, 괜찮을 거예요. 하지만 다음 번엔 혹시 교환이나 환불을 원하신다면 영수증을 꼭 가지고 계셔야 한다는 걸 잊지 마세요.
손님 : 알겠습니다. 감사합니다.

[단어장]

un pantalon : 바지
il y a +시간 : …전에
échanger : 교환하다, 맞바꾸다
pas de problème : 문제없다, 간단한 문제이다
un ticket de caisse : 영수증
perdre : 잃다, 상실하다
un article : 상품, 물품
sans : …없이, …없는
peut-être : 아마도
une carte bleue : 크레디트 카드
Est-ce que ça ira? : 괜찮은가요?
la prochaine fois : 다음 번
oublier de + inf : (부주의로) …하는 것을 잊어버리다
garder : 보관하다, 보존하다
un échange : 교환
rembourser : 환불하다, 상환하다

✓ Situation 3

Cliente : Bonjour, madame. Est-ce que je peux essayer cette robe, s'il vous plaît?
Vendeuse : Oui, bien sûr. Les cabines d'essayage sont à votre gauche. [Quelques minutes après] Elle vous plaît?
C : Oui, elle me plaît beaucoup. Combien elle coûte?
V : 78 €.
C : Ah bon! C'est un peu trop cher pour moi.
V : Mais c'est une robe d'une très bonne qualité.
C : Oui, je vois bien mais ne pouvez-vous pas me faire une petite réduction?
V : Je peux vous faire une réduction de 10%, mais pas plus.
C : Merci beaucoup, madame. Puis-je payer avec ma carte de crédit?
V : Oui.

손님 : 안녕하세요. 제가 이 치마를 좀 입어볼 수 있을까요?
판매원 : 네, 물론이죠. 탈의실은 왼쪽에 있습니다. [몇 분이 흐른 후] 마음에 드세요?
손님 : 네, 아주 마음에 드네요. 얼마죠?
판매원 : 78 유로입니다.
손님 : 아, 그래요. 제겐 조금 비싸네요.
판매원 : 하지만 질이 굉장히 좋은 치마예요.
손님 : 네, 저도 잘 알지만 혹시 가격 할인을 조금 해 주실 수는 없나요?
판매원 : 제가 10% 까지는 할인을 해 드릴 수 있지만 그 이상은 안 됩니다.
손님 : 정말 감사합니다. 신용카드로 지불해도 되나요?
판매원 : 네.

[단어장]

une cabines d'essayage : (옷가게의) 옷 입어 보는 곳
à votre gauche : 당신의 왼쪽
C'est un peu trop cher. : 좀 비싸다.
d'une très bonne qualité :질이 아주 좋은
faire une petite réduction : 약간의 할인을 하다
une réduction de 10% : 10%의 할인
pas plus : 더 이상은 안되다
Puis-je : (pouvpoir 동사) 1인칭 현재 단수형의 도치에서 사용

[대화를 만들어보자]

1. Vous allez dans un magasin de vêtements. Vous cherchez un pantalon bleu taille 38. Vous l'essayez, il est un peu grand. Vous essayez un autre pantalon. Vous le prenez. Vous payez par chèque. Imaginez et jouez le dialogue.
   당신은 옷가게에 갑니다. 당신은 38 사이즈의 파란색 바지를 찾습니다. 그걸 입어보지만 조금 큽니다. 당신은 다른 바지를 입어봅니다. 당신은 그걸 삽니다. 당신은 수표로 계산을 합니다. 상상해보고 역할극을 해보세요.

2. Vous avez acheté une veste. Vous la rapportez au magasin en expliquant pourquoi elle ne vous plaît plus. Vous demandez si vous pouvez l'échanger contre un autre article. Imaginez et jouez le dialogue.
   당신은 윗도리를 하나 샀습니다. 당신은 그것을 가게로 들고 가서 왜 그 옷이 당신의 마음에 들지 않는지 설명합니다. 당신은 다른 제품으로 옷을 바꿀 수 있는지 묻습니다. 상상해보고 역할극을 해보세요.

[더불어 알아두자]

➲ 가격· 지불 관련표현

- C'est (trop) cher. (너무) 비싸요.
- Les prix sont fixés. 정찰 가격입니다.
- C'est bon marché. 저렴한 가격입니다.
- C'est donné. 공짜입니다.

- Faites-moi une réduction s'il vous plaît. 좀 깎아 주세요.
- Acceptez-vous cette carte de crédit/ce chèque/les dollars?
  신용카드/수표/달러를 받습니까?
- Je n'ai pas de liquide/de billets/de pièces de monnaie.
  제가 현금이/지폐가/동전이 없습니다.

➲ 의류 구입시 표현

- Je voudrais ~./J'aimerais~. … 을 원합니다.
- Montrez-moi ~. …좀 보여주세요.
- Je voudrais faire un cadeau. 선물을 하려고 합니다.
- Je fais du ~. …호를 입습니다.
- Celui-ci ne me plaît pas. 이것은 마음에 들지 않습니다.
- Faites-moi voir/Avez-vous d'autres modèles. 다른 모델을 보여주십시오.
- Je cherche quelque chose meilleur marché. 좀 더 싼 것을 보여주세요.
- En quoi est-ce? 이것은 무엇으로 만들어졌습니까?
- Puis-je essayer? 입어볼 수 있습니까?
- Est-ce qu'il/elle/ça vous va? 어떻습니까?
- Il/elle/ça me va bien. (이것은) 내게 잘 어울립니다.
- Il/elle/ça ne tombe pas bien. 잘 맞지 않습니다.
- Il/elle/ça me serre un peu. 약간 끼입니다.
- Je le prends. 이것을 사겠습니다.

➲ 의복·액세서리 착용 표현

- Il porte le jean/un chapeau/un bracelet. 그는 청바지를 입다/모자를 쓰다/팔찌를 찼다.
- Elle porte une mini-jupe/des boucles d'oreille/une barette.
  그녀는 미니스커트/귀걸이/머리핀을 착용했다.

➲ 의류 종류

le bas (양말식) 스타킹
le chandail 스웨터(le pull)
le caleçon 사각팬티
la culotte (일반적) 팬티
le gilet 조끼
le jean 청바지
la mini jupe 미니스커트
le maillot de bain 수영복
le pantalon 바지
le short 짧은 바지

le cardigan 가디건
le chemisier 와이셔츠
les collants 스타킹
le débardeur 민소매 셔츠
l'imperméable 우비, 레인코트
la jupe 치마
les manches courtes (longues) 짧은(긴) 소매 옷
le pantacourt 칠부 바지
a robe du soir 야외드레스
le tee-shirt 티셔츠

➲ 의복 무늬 및 형태

léger(ère) 가벼운 ≠ lourd(e) 묵직한
classique 고전적인 ≠ moderne 모던한, 현대적인
épais(se) 두꺼운 ≠ mince 얇은
large 넓은 ≠ étroit(e) 좁은
court(e) 짧은 ≠ long(ue) 긴
uni(e) 단색의 ≠ multicolore 혼용 색의
une rayure 줄무늬
à pois 물방울 무늬의
brodé 수놓은

➲ 기타

la cabine d'essayage 탈의실 (=cabine)
le rayon de vêtements pour hommes 남성의류 매장
la couleur 색깔
la caisse 계산대
la facture 계산서
le reçu 영수증
la taille 치수
le tour du cou 목둘레 치수

5 Au magasin de chaussures 신발가게에서

✓ Situation 1

Cliente : Bonjour, pouvez-vous m'aider? Je cherche une paire de chaussures pour partir en voyage.
Vendeur : Allez-vous beaucoup marcher?
C : Oui, sûrement.
V : Alors, je vous conseille des baskets.
C : Puis-je les voir?
V : Venez par ici. Voici, les baskets.
C : Ces baskets sont jolies. Puis-je les essayer?
V : Bien sûr. Quelle pointure faites-vous?
C : Je fais du 40.
V : Tenez, essayez-les.
C : C'est parfait. Elles me vont très bien. Combien coûtent-elles?
V : Elles coûtent 200 €.
C : C'est trop cher pour moi! Mais elles me plaisent beaucoup. Bon, je les prends.

손님 : 안녕하세요, 좀 도와주실 수 있으세요? 저는 여행을 떠날 때 신을 신발 한 켤레를 찾고 있습니다.
판매원 : 많이 걸으실 예정이신가요?
손님 : 네. 그렇습니다.
판매원 : 그러면 운동화를 추천해드리고 싶은데요.
손님 : 그것들을 좀 볼 수 있을까요?
판매원 : 이쪽으로 오세요. 자, 운동화들입니다.
손님 : 이 운동화 예쁘네요. 신어볼 수 있을까요?
판매원 : 물론이죠. 신발 사이즈가 어떻게 되시나요?
손님 : 40입니다.
판매원 : 여기요, 신어보세요.
손님 : 완벽해요. 제게 딱 맞는데요. 얼마죠?
판매원 : 200유로 입니다.
손님 : 제겐 너무 비싼데요. 하지만 제 마음에 꼭 들어요. 좋아요, 이걸로 살게요.

[단어장]

une paire de chaussures : 신발 한 켤레
partir en voyage : 여행을 떠나다
marcher : 걷다
sûrement : 확실하게
conseiller à qn qch : …에게 …을 조언하다
des baskets : (끈 메는) 운동화
par ici : 이쪽으로
Quelle pointure faites-vous? : 신발 사이즈가 어떻게 되시나요?
Tenez : (주위의 환기, 물건을 건네줄 때) 이봐, 여보시오, 자.
Je fais du + 숫자. : 사이즈는 (숫자)입니다.

✓ Situation 2

Cliente : Bonjour. Je dois aller à un mariage la semaine prochaine. Je cherche des chaussures assorties à ma robe.
Vendeur : Avez-vous la robe ici?
C : Oui, la voici.
V : Je pense que ces chaussures iraient bien avec votre robe. Qu'en pensez-vous?
C : Celles-ci me plaisent beaucoup. Les avez-vous en 38?
V : Je vais aller voir dans la réserve. (Quelques minutes plus tard) Voici les chaussures en 38 et 39.
C : Elles me conviennent tout à fait. Combien coûtent-elles?
V : Elles coûtent 80 €.
C : Ça va, je les prends.

손님 : 안녕하세요. 다음 주에 제가 결혼식에 가야만 합니다. 제 원피스와 어울리는 신발을 찾는데요.
판매원 : 지금 그 원피스를 가지고 계시나요?
손님 : 네, 여기요.
판매원 : 제 생각에는 이 신발이 손님의 원피스와 잘 어울릴 것 같습니다. 어떻게 생각하세요?
손님 : 제 마음에 꼭 드는 신발인데요. 38사이즈로 이 신발이 있나요?
판매원 : 제가 제품 보관 창고에 가서 보겠습니다. (몇 분이 흐른 뒤) 여기 38과 39 사이즈를 가져왔습니다.
손님 : 제 마음에 꼭 드네요. 얼마죠?
판매원 : 80유로입니다.
손님 : 괜찮네요. 이걸로 하겠습니다.

[단어장]

un mariage : 결혼식
la semaine prochaine : 다음 주
assorti(e) à : 잘 어울리는, 조화로운
La robe : 원피스
La voici. : 원피스가 여기 있어요.
celui-ci(là)/celle-ci(là) : (두 대상을 구별하여) 이것, 저것
plaire à qn : …의 마음에 들다
la réserve : 상품 창고
convenir à qn : …의 취향에 맞다, 마음에 들다
tout à fait : 완전히, 아주, 전혀

[대화를 만들어보자]

1. Vous êtes dans un magasin de chaussures. Vous voulez essayer des chaussures. Le vendeur vous demande votre pointure. Vous répondez et vous essayez. C'est un peu petit. Vous demandez la pointure au-dessous. Cette fois, la pointure convient. Imaginez et jouez le dialogue.
   당신은 신발가게에 있습니다. 당신은 신발을 신어보고 싶습니다. 판매원이 당신에게 사이즈를 묻습니다. 당신은 대답을 하고 신어봅니다. 신발이 조금 작습니다. 당신은 한 치수 위의 신발을 요구합니다. 이번에는 사이즈가 맞습니다. 상상해보고 역할극을 해보세요.

2. Votre fille a besoin de nouvelles chaussures. Elle voudrait les mêmes chaussures que sa copine de classe. Vous lui demandez d'expliquer à la vendeuse quelle genre de chaussures elle veut. La vendeuse vous propose plusieurs pairs que votre fille essaie. Imaginez et jouez le dialogue.
   당신의 딸이 새 신발이 필요하게 되었습니다. 그녀는 같은 반의 친구와 똑같은 신발을 원합니다. 어떤 종류의 신발을 원하는지 판매원에게 설명해주라고 합니다. 판매원은 당신의 딸이 신어볼 여러 켤레의 신발들을 제안합니다. 상상해보고 역할극을 해보세요.

[더불어 알아두자]

⊃ 신발 구입시 표현

- Je voudrais voir le modèle que vous avez en vitrine.
  진열장에 있는 모델을 보고 싶습니다.

- Quelle pointure faites-vous? 어떤 치수를 신으십니까?
- Je chausse du ~. …를 신습니다.
- Est-ce que je peux essayer? 신어 봐도 될까요?
- Je voudrais essayer ~. …을 신어보고 싶은데요.
- Est-ce que vous avez ce modèle en ~? …로 된 모델이 있나요?
- Est-ce que ce modèle existe dans ma pointure? 제 사이즈에 맞는 이 모델이 있나요?
- Est-ce que vous avez un autre modèle dans le même style?
  이 스타일과 같은 다른 모델이 있나요?
- Pouvez-vous me conseiller? 당신의 의견을 말해주실 수 있습니까?
- Je vous conseille des baskets. 나는 당신에게 운동화를 권해드립니다.
- Est-ce qu'elles vous vont? (물건이) 어떻습니까?
- Elles me font mal. 잘 안 맞습니다.
- Pouvez-vous réparer ces chaussures? 이 구두를 수선해 주시겠습니까?
- Pouvez-vous remettre un nouveau talon (remplacer ce talon)? 굽을 갈아주시겠습니까?

➲ 신발 종류

les bottes 부츠 les bottines d'escalade 등산화
les tongs (쫄쫄이) 슬리퍼 les mocassins (술이 달린) 단화
les sandales 샌들 les souliers (단화식) 구두
les chaussures de sport 운동화 = les baskets (복수로 사용)
les chaussures à talons plats 굽 낮은 구두
le talon haut 하이힐 les pantoufles 실내화, 슬리퍼, 굽 없는 구두
les sabots (간호원용의 나무 굽으로 된) 슬리퍼

6 A la parfumerie 향수가게에서

✓ Situation 1

Client : Bonjour. Je voudrais acheter du parfum pour la fête des mères.
Vendeuse : Quel âge a votre mère, s'il vous plaît?
C : Elle a 48 ans.
V : Je pense que ceci pourrait lui convenir.
C : Hum, ça sent bon! Combien ça coûte?
V : Ça coûte 40 €
C : Je n'ai que 30 €.
V : Alors offrez-lui ce flacon plus petit à 30 €.
C : D'accord. Pouvez-vous faire un bel emballage cadeau?

손님 : 안녕하세요. 제가 '어머니의 날'을 위해서 향수를 하나 사고 싶습니다.
판매원 : 어머니 나이가 어떻게 되십니까?
손님 : 48세이신데요.
판매원 : 내 생각엔 이것이 그녀에게 어울릴 것 같습니다.
손님 : 음, 향이 좋네요! 이게 얼마예요?
판매원 : 40유로예요.
손님 : 전 30유로 밖에 없는데요.
판매원 : 그러면 30유로짜리 이 작은 향수를 선물하세요.
손님 : 알겠어요. 예쁘게 선물 포장을 해 주실 수 있으신가요?

[단어장]

un parfum : 향수
la fête des mères : 어머니의 날
ceci/cela : 이것, 저것, 그것
convenir à qn : …의 취향에 맞다, 마음에 들다
ça sent bon! : 냄새 좋다!
ne ~ que : 단지 …만 하다
offrir : 주다, 제공하다
un flacon : 작은 병
un emballage cadeau : 선물 포장

✓ Situation 2

Cliente : Bonjour. J'ai vu à la télévision une publicité pour un nouveau parfum.
Vendeur : Il y a plusieurs nouveaux parfums en ce moment.
C : Il y a un ange sur le flacon.
V : Ah oui, je vois. Voici.
C : Puis-je sentir?
V : Bien sûr.
C : Ça ressemble au parfum que ma tante portait.
V : Oui, c'est un parfum inspiré d'une très ancienne collection.
C : C'est bon, je le prends.
V : Avez-vous besoin d'un emballage cadeau?
C : Non merci, c'est pour moi.

손님 : 안녕하세요, 제가 텔레비전에서 새로운 향수에 대한 광고를 봤습니다.
판매원 : 현재 여러 가지 새로운 향수들이 있습니다.
손님 : 향수 병 위에 천사가 있는 거요.
판매원 : 아 네, 알겠네요. 여기 있습니다.
손님 : 시향을 할 수 있나요?
판매원 : 물론이죠.
손님 : 제 고모가 쓰시던 향수와 비슷하네요.
판매원 : 네, 아주 오래전의 컬렉션에서 영감을 받은 향수거든요.
손님 : 좋네요, 이걸로 할게요.
판매원 : 선물 포장을 해드릴까요?
손님 : 아니요, 감사합니다만 제가 쓸 거예요.

[단어장]

une publicité : 광고, 선전
plusieur : 몇몇의, 여러
pour le moment : 지금으로서는, 당장은
un ange : 천사
un flacon : 향수병
sentir bon : 좋은 냄새가 나다
ressembler à qch : …을 닮다
porter : 가지고 있다, 지니다
inspiré de : …에서 영감을 받은
ancien(ne) : (명사 앞) 이전의
une collection : 수집, 수집품

[대화를 만들어보자]

1. C'est l'anniversaire de votre nouvelle petite-amie. Vous voulez lui acheter du parfum. Vous demandez conseil à la vendeuse. Imaginez et jouez le dialogue.
   당신의 새 여자 친구의 생일입니다. 당신은 그녀에게 향수를 선물하고 싶습니다. 당신은 판매원에게 조언을 구합니다. 상상해보고 역할극을 해보세요.

2. Votre collègue se marie. Vous voulez lui offrir un coffret avec des produit de sa marque de parfum préférée. Imaginez et jouez le dialogue.
   당신의 동료가 결혼을 합니다. 당신은 그녀가 좋아하는 향수 메이커 세트를 선물하고 싶습니다. 상상해보고 역할극을 해보세요.

[더불어 알아두자]

➲ 지불 방법 표현

- Je vais payer en espèce (en liquide/en cash).
  현금으로 지불하겠습니다.
- payer par carte en 6 fois 6개월 카드 할부로 지불하다
- Je règle par carte/par chèque. 카드/수표로 지불하겠습니다.
- l'achat payable par mensualité 할부구매
- 150 € payable en trois mensualités 3개월 지불 150유로

➲ chez의 다양한 사용법

- …상점에 : chez le coiffeur 이발소에, chez le dentiste 치과에
- …집에 : J'ai passé chez mon ami. 나는 친구 집에 들렀다.
- …나라에 : chez nous (vous) 우리나라(너희나라)에
  * 문장의 문맥에 따라서 "우리 집"이란 뜻도 가능.
- …에 있어서 : chez les Français 프랑스 사람들에게서, chez les animaux 동물들에게서
- …작품에서 : chez Camus 까뮈 작품에서,
  chez Justin Timberlake 저스틴 팀버레이크의 음악에서

7 Dans un magasin d'électroménager 가전제품 상점에서

✓ Situation 1

Vendeur : Bonjour, je peux vous aider?
Cliente : Oui. Je dois acheter une nouvelle machine à laver.
V : Y a-t-il un modèle qui vous plaît?
C : Oui, celui-là et aussi le modèle en vitrine. Combien coûtent-ils?
V : Le modèle en vitrine coûte 600 euros et celui-là est à 720 euros.
C : Pouvez-vous me conseiller?
V : Vivez-vous seul ou en famille?
C : En famille.
V : Celui-ci à 720 euros est idéal pour une famille de 4 personnes.
C : Ah oui, il a l'air très bien. Y a-t-il une garantie?
V : Oui, de 2 ans.
C : C'est parfait, je vais prendre celui-ci.

판매원 : 안녕하세요, 도와드릴까요?
손님 : 네. 제가 새 세탁기를 사야하거든요.
판매원 : 손님 마음에 드는 모델이 있나요?
손님 : 네, 이것과 진열장 안에 있는 모델이요. 얼마인가요?
판매원 : 진열장에 있는 모델은 600유로이고, 이것은 720유로입니다.
손님 : 제게 조언을 좀 해 주시겠어요?
판매원 : 혼자 사세요 아니면 가족과 함께 사세요?
손님 : 가족과 함께 살아요.
판매원 : 이 720유로짜리 모델이 4인 가족에 이상적입니다.
손님 : 아 그래요, 이 모델이 아주 좋아 보여요. 품질 보증 기간이 있나요?
판매원 : 네, 2년입니다.
손님 : 좋아요, 이걸로 사겠습니다.

[단어장]

une machine à laver : 세탁기
un modèle : 표본, 모델
en vitrine : 진열창 안의, 쇼윈도 안의
plaire à qn : …의 마음에 들다
conseiller : 충고하다, 조언하다
seul(e) : 혼자인, 홀로인
en famille : 가족이 모여서, 가족과 함께
idéal(e) : 이상적인, 완벽한
avoir l'air + 형용사 : …처럼 보이다
une garantie : 보증, 담보

✓ Situation 2

Cliente : Bonjour. Je voudrais acheter une table de salle à manger et 6 chaises.
Vendeur : Nous avons une super promotion pour le moment : cet ensemble table et 6 chaises à 40%.
C : La couleur ne me plaît pas tellement.
V : Nous l'avons aussi en gris foncé.
C : Pourrais-je le voir?
V : Nous ne l'avons pas en magasin mais je peux vous le montrer dans notre catalogue.
C : Oui, merci.
V : C'est très bien en gris foncé. Je vais les prendre.
C : Très bien. Nous pouvons vous les livrer dans 2 semaines.
V : C'est parfait, merci.

손님 : 안녕하세요. 식탁과 의자 6개를 사고 싶은데요.
판매원 : 저희가 지금 굉장한 세일을 하고 있습니다. : 이 식탁과 의자 6개 세트를 40% 할인해 드립니다.
손님 : 색깔이 딱히 마음에 들지 않네요.
판매원 : 진한 회색도 있어요.
손님 : 그 식탁을 좀 볼 수 있을까요?
판매원 : 그 식탁의 재고가 없지만, 저희 카탈로그에 있는 걸 보여드릴 수 있습니다.
손님 : 네, 감사합니다.
판매원 : 진한 회색은 아주 좋네요. 그걸로 할게요.
손님 : 좋습니다. 2주 후에 배달해 드릴 수 있습니다.
판매원 : 좋아요. 감사합니다.

[단어장]

une table : 테이블
une salle à manger : 식당
une chaise : 의자
super : 멋진, 훌륭한, 우수한
une promotion : 할인판매 상품
pour le moment : 지금으로서는, 당장은
tellement : 그렇게, (아주) 많이
foncé(e) : 진한, 짙은
avoir qch en magasin : …의 재고가 있다
un catalogue : 목록, 색인
livrer : 배달하다
dans + 시간 : …후에

[대화를 만들어보자]

1. Vous voulez acheter de la vaisselle pour votre sœur qui va s'installer avec son fiancé. Imaginez et jouez le dialogue.
   당신은 약혼자와 함께 살게 될 당신의 여동생을 위해 식기류를 사고 싶습니다. 상상해보고 역할극을 해보세요.

2. Vous devez acheter un nouveau frigo. Imaginez et jouez le dialogue.
   당신은 새 냉장고를 사야만 합니다. 상상해보고 역할극을 해보세요.

[더불어 알아두자]

➲ 크기· 모양과 관련된 단어

allongé(e) 길쭉한
carré(e) 정사각형의
énorme 거대한, 몹시 큰
étroit(e) 좁은
la grandeur 크기
large 넓은
en losange 마름모꼴의
la longueur 길이
minuscule 아주 작은
ovale 타원형의
rectangulaire 직사각형의
en trapèze 사다리꼴의
arrondi(e) 둥근
court(e) 짧은
épais(se) 뚱뚱한
grand(e) 큰
la hauteur 높이
la largeur 넓이
long(gue) 긴
mince 날씬한, 가는
petit(e) 작은
pointu(e) 뾰족한
rond(e) 동그라미의
triangulaire 삼각형의

➲ 가전제품

l'aspirateur 청소기
le caméscope 캠코더
le climatiseur 에어콘
la cuisinière (à gaz) 가스레인지
le disque dur (컴퓨터) 하드
le grille-pain 토스트기
le baladeur MP3 엠피3
le casque 헤드폰
le congérateur 냉동고
le fer (=~ à repasser électrique) 다리미
l'imprimante 프린터기

le lecteur de DVD DVD 플레이어
la machine à coudre 재봉틀
le magnétoscope 비디오 플레이어
le mémoire (컴퓨터) 메모리
la micro-chaîne 소형전축
le micro-ondes 전자레인지
l'ordinateur (=l'ordi) 컴퓨터
l'ordinateur portable (=le portable) 노트북
la photo numérique 디카
le radio-réveil 알람 라디오
le réfrigérateur (=frigo) 냉장고
la sèche-linge (빨래) 건조기
la souris 마우스
le téléviseur 텔레비전
le téléphone portable/mobile 핸드폰 (=le portable/le mobile)
le téléphone sans fil 무선전화기
le ventilateur 선풍기

➲ 부엌 식기류

l'assiettes plate/à soupe/à dessert 평평한 접시/수프 접시/디저트 접시
la corbeille à pain (식탁에 놓는) 빵 바구니
la corbeillede fruits 과일 바구니
le couteau 칼
le couteau à fromage 치즈용 칼
la cuiller 수저
la forchette 포크
le plateau 쟁반
le plat (pour servir) 접시 (assiette보다 크고 요리를 담는 데 쓰는 그릇)
le saladier 샐러드 접시

UNITE 4
서비스 기관의 이용과 관련된 상황

1 A la poste 우체국에서

✓ Situation 1

Client : Bonjour, madame, je voudrais envoyer un colis en Corée du Sud. Pouvez-vous m'expliquer ce que je dois faire, s'il vous plaît?

Employée : Oui, bien sûr. Il est préférable d'utiliser des boîtes de la poste. Vous pouvez en acheter une maintenant, emballer ce que vous voulez envoyer, noter l'adresse du destinataire ici, votre adresse ici et décrire le contenu du colis.

C : Ah oui, je vais acheter une boîte de taille moyenne, s'il vous plaît. Combien de temps ça mettra pour arriver en Corée du Sud?

E : En envoi normal, il faut compter une semaine à dix jours.

C : Très bien, merci. Je reviendrai demain avec le colis à envoyer.

E : Il vous faut autre chose?

C : Non. Au revoir!

손님 : 안녕하세요, 소포를 한국에 보내고 싶습니다. 제가 어떻게 해야 하는지 알려주실 수 있으세요?

직원 : 당연히 알려드리지요. 우체국 박스를 이용하는 게 더 나아요. 지금 그걸 하나 사서 보내고 싶으신 물건을 포장하고 보낼 곳 주소를 이곳에 쓰고 손님의 주소를 여기에 쓰시고 그리고 소포 내용물을 쓰세요.

손님 : 아 네, 중간 크기의 박스를 살게요. 한국에 도착하려면 시간이 얼마나 걸리나요?

직원 : 일반우편으로는 일주일에서 십일 정도 걸려요.

손님 : 감사합니다. 내일 보낼 소포를 가지고 다시 올게요.

직원 : 다른 필요하신 것은 없으세요?

손님 : 없습니다. 안녕히 계세요.

[단어장]

un colis : 꾸러미, 소포
Il est préférable de + inf : …을 하는 것이 더 낫다
une boîte de la poste : 우체국 박스
emballer : 짐을 꾸리다, 포장하다
envoyer : 보내다, 부치다
noter : 적어놓다, 메모하다
le destinataire : 수신인, 수취인
décrire : 기술하다, 서술하다
le contenu : 내용(물), 알맹이
la taille moyenne : 중간 크기, 중간 사이즈
en envoi normal : 일반 발송
Combien de + 무관사 명사 : 얼마만큼, 얼마나
mettre : (시간을) 소비하다, 요하다
Il faut + inf :…해야만 한다
compter : (기간 따위를) 예상하다
revenir : 다시 오다
Il vous faut autre chose? : 다른 필요하신 것은 없으세요?

✓ Situation 2

Client : Bonjour, madame, je voudrais envoyer ce paquet en Corée du Sud, s'il vous plaît.
Employée : Oui, en tarif normal ou en prioritaire?
C : En prioritaire, s'il vous plaît.
E : D'abord, vous devez remplir cette fiche de douane.
C : Ah oui. […] La voilà.
E : Merci, c'est parfait. Ça fait 6,40 €. Il vous faut autre chose?
C : Oui, je voudrais aussi un carnet de timbres normaux, s'il vous plaît.
E : Tenez, dix timbres à 0,60 €. Ce sera tout?
C : Non. Est-ce que vous avez aussi des timbres de collection?
E : Oui, bien sûr. Nous avons des timbres qui représentent les principaux monuments de France.
C : C'est bien! Alors, donnez-m'en cinq, s'il vous plaît.
E : Les voilà. Ça fera 15,40 € au total.

손님 : 안녕하세요, 이 소포를 한국으로 보내고 싶습니다.
직원 : 예, 보통우편으로 할까요 아니면 특급우편으로 할까요?
손님 : 특급우편으로 해주세요.
직원 : 먼저, 이 통관서류를 작성해주셔야 합니다.
손님 : 아, 예. […] 여기 있습니다.
직원 : 감사합니다, 완벽하군요. 6,40유로입니다. 다른 필요한 것이 있으십니까?
손님 : 네, 보통 우표 한질 주세요.

직원 : 여기, 60상팀 짜리 우표 10개입니다. 다 되었나요?
손님 : 아뇨. 수집용 우표도 있습니까?
직원 : 예, 물론이죠. 프랑스 주요 기념물 그림이 있는 우표들이 있습니다.
손님 : 좋아요! 그럼, 다섯 장 주세요.
직원 : 여기 있습니다. 전부 15,40유로 되겠습니다.

[단어장]

un paquet : 꾸러미, 소포, 소화물
un tarif : 가격
une fiche de douane : 통관서류
un carnet de timbres : (10개 짜리) 우표 한 질
un timbre : 우표
le timbre de collection : 기념우표, 수집용 우편
représenter : 표현하다, 나타내다
principal(e) : 가장 중요한, 주된
le monument : 기념물, 기념비, 유적
La voilà. : 여기 그것이 있습니다.

[대화를 만들어보자]

1. Vous allez à la poste. Vous voulez acheter des timbres et envoyer un paquet. Vous n'avez pas de monnaie. Imaginez et jouez le dialogue.
   당신은 우체국에 갑니다. 당신은 우표 10장을 사고 소포 하나를 보내고 싶습니다. 당신은 잔돈이 없습니다. 상상해보고 역할극을 해보세요.

2. Vous êtes en vacances et vous voulez envoyer des cartes postales. Vous demandez à l'employé de la poste les tarifs pour votre pays. Imaginez et jouez le dialogue.
   당신은 휴가 중이고 우편엽서를 보내고 싶어 합니다. 당신은 우체국 직원에게 당신의 나라로 보내는 가격을 물어봅니다. 상상해보고 역할극을 해보세요.

[더불어 알아두자]

➲ 우편 관련 표현

- Est-ce suffisamment affranchi? 우표를 충분히 붙였습니까?
- Combien est-ce en classe économique/par avion/par bateau?
  할인가격으로/항공으로/배편으로 부치면 얼마입니까?
- J'aimerais envoyer la lettre en recommandé (avec accusé de réception).
  이 편지를 일반등기(배달증명 등기)로 보내고 싶습니다.
- Je voudrais envoyer ce colis. 이 소포를 보내고 싶습니다.

- Donnez-moi un timbre d'un euro, s'il vous plaît. 1유로짜리 우표 한 장 주시겠어요.
- Y a-t-il un colis à mon nom? 제 앞으로 온 소포 있습니까?

➲ 우편 관련 단어

l'affranchissement 우편요금
la carte postale 우편엽서
le(la) destinataire 수신인
l'enveloppe 봉투
la boîte aux lettres 우체통
le code postal 우편번호
l'expéditeur 발신인
le recommandé 등기

2 A la banque 은행에서

✓ Situation 1

Monsieur : Bonjour. Je voudrais ouvrir un compte dans votre banque.
Employée : Pour ouvrir un compte, vous devez remplir ces formulaires. Avez-vous une pièce d'identité et un justificatif de domicile?
M : Bien sûr. Voilà mon passeport et la dernière quittance de loyer.
E : Combien voulez-vous déposer sur votre compte?
M : J'ai neuf chèques de 100 dollars que je voudrais déposer sur mon nouveau compte et un chèque de 200 dollars à toucher.
E : Je vous conseille de déposer 300 dollars sur le compte ordinaire et 600 dollars sur un compte d'épargne. Les comptes ordinaires rapportent peu d'intérêts.
M : Quel est le taux d'intérêts?
E : Cinq et demi pour cent, Monsieur.
M : D'accord.
E : Il faut aussi endosser tous les chèques.
M : J'ai déjà endossé ceux-là. Les voici.
E : Bien! Voici votre carte de banque. Dans 7 jours, il faut revenir à la banque pour votre chéquier.

손님 : 안녕하세요. 제가 이 은행에서 계좌를 하나 열고 싶은데요.
직원 : 계좌를 개설하려면 이 신청용지를 작성해야 합니다. 신분증명서와 주거증명서를 가지고 오셨나요?
손님 : 물론이죠. 자, 제 여권과 마지막 집세 영수증입니다.
직원 : 계좌에 얼마나 예금하길 원하세요?
손님 : 새 계좌에 입금할 100달러 수표 9장과 현금으로 바꿀 200 달러짜리 수표 한 장을 가지고 있어요.
직원 : 300달러는 보통 계좌에 예금하시고 600달러를 저축계좌에 예금하시는 게 어떨까 하는데요. 보통 계좌는 이자가 거의 붙지 않아요.
손님 : 이자율이 얼마죠?
직원 : 5.5%입니다, 손님.
손님 : 알겠어요.
직원 : 수표들에 이서해 주셔야만 합니다.
손님 : 제가 이미 다 했어요. 여기 있습니다.
직원 : 좋습니다! 여기 은행카드가 있습니다. 일주일 안에 수표책 받으러 은행에 다시 한 번 들르세요.

[단어장]

ouvrir un compte : 계좌를 열다
remplir : 채우다, 기입하다
le formulaire : 신청서, 가입 용지
une pièce d'identité : 신분증명서
un justificatif de domicile : 주거 증명서
la quittance de loyer : 집세 영수증
déposer : 맡기다, 예금하다, 위탁하다
un chèque : 수표
toucher : 수표를 현금으로 바꾸다
conseiller à qn de + inf : …에게 …을 조언하다, 권하다
une épargne (compte d'épargne) : 저축, 예금
rapporter : 도로 가져오다, 돌려주다
un intérêt : 이자, 이익
le taux : 이자율, 금리, 세액, 세율
endosser : (어음 따위에) 배서[이서]하다
le chéquier : 수표책

✓ Situation 2

Vincent : Bonjour, madame.
Employée : Bonjour, monsieur.
V : Je voudrais changer de l'argent. Quel est le cours du dollar?
E : Attendez, il vient juste de baisser : 1euro 75 à la vente et 1euro 50 à l'achat.
V : Je voudrais changer 1000 dollars.
E : Ça fait 850 euros.
V : Seulement?
E : Oui, nous prenons une commission. Voulez-vous des grandes ou petites coupures?
V : Donnez-moi 400 euros en billets de 200.
E : Et le reste?
V : Quatre billets de 100 et 50 euros en pièces de 1 et de 2 euros, j'ai besoin de monnaie. Où est le distributeur de billets?

뱅쌍 : 안녕하세요.
직원 : 안녕하세요.
뱅쌍 : 돈을 바꾸고 싶은데요. 달러 환율이 어떻게 되나요?
직원 : 기다려보세요, 조금 전에 내렸어요 : 판매할 때에는 1,75유로이고 살 때는 1,50유로 입니다.
뱅쌍 : 1,000달러를 바꾸고 싶습니다.
직원 : 850유로입니다.

뱅쌍 : 그것밖에 안되나요?
직원 : 네, 저희가 수수료를 받습니다. 고액권을 원하세요, 소액권을 원하세요?
뱅쌍 : 200유로 지폐로 400유로 주세요.
직원 : 남은 것은요?
뱅쌍 : 100유로 지폐 4장 그리고 1유로와 2유로 동전으로 50유로요, 제가 동전이 필요합니다. 어디에 현금지급기가 있나요?

[단어장]

le cours : 시가, 시세, 유통, 통용
baisser : 낮추다, 내리다
la vente : 판매, 매각
l'achat : 매입, 구입
une commission : 중개료, 수수료
une coupure : 지폐
le reste : 나머지, 잔액
une pièce : 주와, 돈, 화폐
avoir besoin de + 명사 : …이 필요하다
le distributeur de billets : 현금 지급기

[대화를 만들어보자]

1. Vous êtes à un guichet automatique pour faire un retrait d'argent. L'appareil ne fonctionne pas et il a pris votre carte. Vous entrez dans la banque pour demander des explications. Imaginez et jouez le dialogue.
   당신은 현금인출을 위해 현금 지급기 앞에 있습니다. 기계가 고장이 났고 당신의 카드를 먹었습니다. 당신은 은행에 들어가 설명을 요구합니다. 상상해보고 역할극을 해보세요.

2. Vous souhaitez ouvrir un compte en banque. Vous téléphonez pour prendre un rendez-vous. Imaginez et jouez le dialogue.
   당신은 은행 계좌를 열고 싶어 합니다. 당신은 약속시간을 잡기 위해 전화를 합니다. 상상해보고 역할극을 해보세요.

[더불어 알아두자]

➲ 은행 관련 표현

- Pouvez-vous changer cet argent? 이 돈 좀 바꾸어 주시겠습니까?
- Quel est le cours du Won/Dollar/Euro? 원화/달러/유로의 시세가 어떻습니까?

- Je voudrais ouvrir un compte. 구좌를 개설하고 싶습니다.
- J'ai un compte au Crédit Lyonnais. 나는 크레디 리오네 은행에 한 개의 구좌를 갖고 있다.
- Combien puis-je retirer? 얼마를 찾을 수 있습니까?
- Combien dois-je déposer au minimum? 최소한 얼마를 예금해야 됩니까?
- Je voudrais encaisser ce chèque. 이 수표를 현금으로 바꾸려고 합니다.
- Combien ai-je sur mon compte? 나의 구좌에 얼마가 남았습니까?
- Transferez ~ Wons, s'il vous plaît. …원을 이체해 주시기 바랍니다.

➲ 제안 표현

- Nous vous proposons d'opter pour le paiement mensuel.
  할부 지불을 택할 것을 제안합니다.
- Notre banque vous propose la solution idéale.
  저희 은행은 고객님께 최상의 해결책을 제안합니다.
- Nous vous invitons à prendre contact, dans les meilleurs délais, avec notre agence. 고객님께서는 빠른 시일 내에 저희 지점과 접촉을 취해주십시오. (권유를 나타내는 표현이지만 제안에도 사용)

➲ 은행 관련 단어

l'action 주식
l'agent de ~. …은행지점
la bourse 증권거래소
la carte bancaire (la carte bleue) 은행카드
la carte d'identité 신분증
la chèque 수표
le cours 시세
la caisse d'épargne 저축예금
le capital 자본
les cours de change 환율
le chèquier = carnet de chèque 수표책
la clientèle 고객
le compte 구좌, 계좌
le compte courant 당좌예금
la commission 수수료
le conseiller (은행) 전담상담원
le crédit en Euros 유료화 입금금액
le débit en Euros 유료화 출금금액
l'encaissement 현금지급
faire des économies 저금을(이) 하다(있다)

les intérêts 이자
les intérêts acquis pour 2008 : 2008년도 결산이자
le livret (de banque) 통장
le montant = la somme 총액, 합계
le numéro de compte 구좌번호
ouvrir/fermer un compte 구좌를 개설하다/닫다
payer en espèces = en liquide 현금으로 지불하다
le paiement par carte/chèque 카드/수표 지불
le prélèvement automatique 자동납부
le relevé d'identité bancaire 구좌번호
le relevé de compte 사용내역서(통장에 해당)
le remise de chèques 수표 입금
le solde 잔고
le taux 이율
le titulaire du compte 예금주
toucher (수표를) 현금으로 바꾸다
le versement d'espèces 현금 입금
le virement = un transfert 이체, 송금

➲ 화폐 관련 표현

de l'argent (일반적) 돈
le billet 화폐, 지폐
le comptant 현금
l'euro 유로(EUR/€)
la monnaie 동전, 돈
du pognon (비어) 돈
du fric 돈
le centime 쌍띰(센트)
l'espèce (f.)현금
le liquide 현금
la pièce 동전

3 Au café 커피숍에서

✓ Situation 1

Serveur : Bonjour. Qu'est-ce que je vous sers?
Cliente : J'attends un ami, je commanderai quand il sera là.
S : Pas de problème, je vous laisse la carte. Nous avons aussi des glaces et des milkshakes.
C : Oui, j'ai vu. Merci. (Un ami ne vient pas. La cliente appelle le serveur.)
S : Alors, avez-vous choisi?
C : Est-ce que vous avez des crêpes?
S : Oui, au sucre, à la confiture ou au chocolat.
C : Je vais prendre des crêpes au sucre.
S : Qu'est-ce que vous boirez avec ça?
C : Un chocolat chaud, s'il vous plaît.
S : Très bien, des crêpes au sucre et un chocolat chaud.

종업원 : 안녕하세요. 무엇을 드릴까요?
손님 : 친구 한 명을 기다리고 있어요. 그 친구가 오면 주문하겠습니다.
종업원 : 알겠습니다, 메뉴판을 놓고 가겠습니다. 저희 가게에는 아이스크림과 밀크셰이크도 있어요.
손님 : 네. 저도 봤어요. 감사합니다. (친구가 오지 않았다. 손님은 종업원을 부른다.)
종업원 : 자, 선택하셨나요?
손님 : 크레이프가 있나요?
종업원 : 네, 설탕을 뿌린 크레이프, 잼이나 초콜렛을 바른 크레이프가 있습니다.
손님 : 설탕 뿌린 크레이프로 주세요.
종업원 : 함께 드실 음료는 무엇으로 하시겠습니까?
손님 : 핫초콜렛 부탁드려요.
종업원 : 알겠습니다. 설탕 크레이프 그리고 핫초콜렛.

[단어장]

servir : (손님을) 대하다, 시중하다
commander : 주문하다, 명령하다
une carte : 차림표, 메뉴
une glace : 아이스크림
client(e) : 손님
appeler : 부르다
serveur(se) : 종업원
une crêpe : 크레이프

au sucre : 설탕을 뿌린
à la confiture : 잼을 바른
boire : 마시다

✓ Situation 2

Serveur : Bonjour. Avez-vous fait votre choix?
Cliente : Oui, je vais prendre une bière brune.
S : Voulez-vous une portion de fromage avec ça?
C : Oui, je veux bien. Avez-vous aussi du saucisson?
S : Oui, je peux vous faire une assiette mixte.
C : Une portion mixte, ce sera parfait, merci.
S : Une bière brune avec une assiette mixte.
C : Avez-vous de la moutarde?
S : Oui, bien sûr.
C : Je veux bien de la moutarde alors.
S : Pas de problème.

종업원 : 안녕세요, 선택하셨나요?
손님 : 네, 검은색 맥주 주세요.
종업원 : 맥주와 함께 치즈 1인분은 어떠세요?
손님: 네, 좋습니다. 소시지도 있나요?
종업원 : 네, 혼합해서 한 접시로 해드릴 수 있습니다.
손님 : 혼합요리 1인분, 아주 좋겠네요, 감사합니다.
종업원 : 검은색 맥주와 혼합요리 한 접시.
손님 : 겨자 있나요?
종업원 : 네, 그럼요.
손님 : 그럼, 겨자도 주세요.
종업원 : 알겠습니다.

[단어장]

un choix : 선택, 선정
une bière : 맥주
brun(e) : 갈색의, 거무스름한
une portion : (나누어진) 부분, 몫, (식사 때) 음식물의 1인분
un saucisson : 큰 소시지
une assiette : 접시, 요리 한 접시
mixte : 혼합의
une moutarde : 겨자

[대화를 만들어보자]

1. Vous arrivez au café avec vos amis. Vous demandez s'il y a de la place sur la terrasse. Imaginez et jouez le dialogue.
   당신은 친구들과 함께 커피숍에 도착합니다. 당신은 테라스에 자리가 있는지 묻습니다. 상상해보고 역할극을 해보세요.

2. Vous avez donné rendez-vous à votre petite-amie dans un café où vous avez l'habitude d'aller. Vous ne la voyez pas quand vous arrivez et demandez au serveur si elle est déjà arrivée. Imaginez et jouez le dialogue.
   당신은 항상 가는 커피숍에서 당신 여자친구와 약속을 정하였습니다. 당신이 도착했을 때 그녀가 보이지 않았고 종업원에게 그녀가 이미 도착했는지 묻습니다. 상상해보고 역할극을 해보세요.

[더불어 알아두자]

계산서와 관련된 표현

- L'addition, s'il vous plaît. 계산서 주세요.
- Puis-je avoir l'addition? 계산서 부탁드립니다.
- Pouvez-vous m'apporter l'addition, s'il vous plaît? 계산서를 가져다주시겠어요?
- Est-ce que le service est compris? 봉사료는 이미 포함되었습니까?
- Il y a une erreur dans la note. 계산서에 오차가 있습니다.
- Vous pouvez garder la monnaie. 잔돈은 가지세요.

커피숍에서 주문할 수 있는 음료·요리

음료 (les boissons)

la bière 맥주
le café 커피
le café-crème 크림커피
la carafe d'eau 물 한 병
le champagne 샴페인
le coca 코카콜라
le demi(bière) 맥주 반 잔 (250cc)
la demi-Bordeaux 보르도산 와인 반 잔
le déca(décaféiné) (카페인을 제거한) 커피
la limonade 레모네이드
le lait 우유
le vin 포도주
le jus de fruit 과일주스
le thé 차

➾ 요리 (les plats)

le croque-monsieur 크로크무시외 (햄 샌드위치에 치즈를 얹어 구운 것)
l'omelette au jambon/au fromage 햄으로 만든 오믈렛/치즈로 만든 오믈렛
le gâteau (au chocolat) (초코) 케익
la tarte aux pommes 애플파이
la glace vanille 바닐라 아이스크림
le fromage 치즈
le jambon 햄

4 Au restaurant 레스토랑에서

✓ Situation 1

Serveur : Bonjour, madame. Qu'est-ce que vous prendrez?
Cliente : Je vais prendre un steak. J'aime beaucoup la viande.
S : Comment voulez-vous votre steak, madame? Bien cuit, à point ou saignant?
C : À point, s'il vous plaît. Je n'aime pas le steak saignant.
S : Vous ne prenez pas d'entrée, madame? Salade grecque ou melon?
C : Je préfère le melon.
S : Et comme boisson?
C : Apportez une carafe d'eau, s'il vous plaît.
S : Très bien, madame.

종업원 : 안녕하세요, 부인. 무엇을 드시겠습니까?
손님 : 스테이크를 먹겠습니다. 고기를 많이 좋아하거든요.
종업원 : 완전히 익힌 고기, 적당히 익힌 고기, 설익힌 고기 중 어떤 걸 원하세요, 부인?
손님 : 적당히 익힌 걸로 주세요. 설익힌 스테이크는 싫어해요.
종업원 : 전체요리는 안 드시나요? 그리스식 샐러드 아니면 멜론이 있습니다.
손님 : 멜론이 좋겠네요.
종업원 : 음료는 무엇으로 하시겠어요?
손님 : 물 한 병 가져다주세요.
종업원 : 알겠습니다, 부인.

[단어장]

Qu'est-ce que vous prendrez? : 무엇을 드시겠습니까?
une viande : 고기
bien cuit : 잘 익힌
à point : 적당히 익힌
saignant : 설익힌
une entrée : 전식, 앙트레
une salade : 샐러드
un melon : 멜론
une boisson : 음료
apporter : 가져오다, 운반하다
une carafe d'eau : 물 한 병

✓ Situation 2

Garçon : Madame, prenez-vous un apéritif?
Madame : Oui, un porto, s'il vous plaît.
G : Comme entrée, que désirez-vous?
M : Qu'est-ce qu'il y a dans la salade spéciale?
G : Il y a du fromage, un œuf dur, du jambon avec des légumes.
M : Bon, une salade spéciale.
G : Comme plat du jour, nous avons du bœuf.
M : Vous n'avez pas de quelque chose de plus léger? Un bifteck.
G : Si, il y en a.
M : Je vais le prendre.
G : D'accord. Bien cuit ou saignant?
M : Saignant, s'il vous plaît. Qu'est-ce que vous avez comme légumes?
G : Aujourd'hui, nous avons des haricots verts.
M : D'accord. Et du fromage, s'il vous plaît.
G : Vous buvez du vin?
M : Non, pas de vin. De l'eau, s'il vous plaît. Une carafe d'eau.
G : D'accord, madame.

웨이터 : 아페리티프를 드시겠습니까?
부인 : 네, 포르토 부탁합니다.
웨이터 : 전채 요리로 무엇을 원하십니까?
부인 : 특별 샐러드에는 무엇이 들어 있습니까?
웨이터 : 야채에 치즈, 삶은 달걀, 햄이 들어 있습니다.
부인 : 좋군요, 특별 샐러드로 하겠어요.
웨이터 : 오늘 정식 메뉴로는 소고기가 있습니다.
부인 : 좀 (위에) 부담 없이 먹을 수 있는 것이 없을까요? 스테이크요.
웨이터 : 예, 있습니다.
부인 : 그러면 그것으로 하겠습니다.
웨이터 : 알겠습니다. 잘 익혀드릴까요 아니면 설익혀서 드릴까요?
부인 : 설익은 것으로 주세요. 야채로는 무엇이 있습니까?
웨이터 : 오늘은 완두콩 껍질이 있습니다.
부인 : 좋아요. 그리고 치즈도 주세요.
웨이터 : 포도주를 드시겠습니까?
부인 : 아니요. 포도주는 마시지 않겠어요. 물을 주세요. 물 한 병이요.
웨이터 : 알겠습니다.

[단어장]

une entrée : (본 요리 직전에 먹는) 전채, 앙트레
la salade spéciale : 특별 샐러드
le fromage : 치즈
un œuf dur : 삶은 달걀
du jambon : 햄
des légumes : 야채, 채소
plat du jour : 오늘의 요리
du bœuf : 쇠고기
un bifteck : 비프스테이크
des haricots verts : 꽁깍지(요리)

[대화를 만들어보자]

1. Vous allez au restaurant. Vous voulez commander mais vous ne comprenez pas la carte. Vous posez des questions au serveur sur les plats, les prix, la boisson. Il vous aide à choisir. Imaginez et jouez le dialogue.
   당신은 식당에 갑니다. 당신은 주문을 하고 싶지만 메뉴를 잘 이해하지 못합니다. 당신은 종업원에게 요리, 가격, 음료에 대해 질문을 합니다. 그가 당신이 음식 선택하는 것을 도와줍니다. 상상해보고 역할극을 해보세요.

2. Vous voulez organiser un banquet dans un restaurant. Vous téléphonez pour réserver la salle (prix, menus, date…). Imaginez et jouez le dialogue.
   당신은 식당에서 연회를 준비하고 싶습니다. 당신은 홀을 예약하기 위해 전화를 합니다(가격, 메뉴, 날짜…). 상상해 보고 역할극을 해보세요.

[더불어 알아두자]

⊃ 주문을 받을 때

- Qu'est-ce que vous prenez comme entrée? 전식으로는 무엇을 택하셨나요?
- Qu'est-ce que vous voulez comme poisson? 생선은 어떤 것으로 하시겠습니까?
- Que désirez-vous (comme entrée)? (전채로) 무엇을 드시겠습니까?

⊃ 음식 주문할 때

- Pouvez-vous me réserver une table pour deux personnes?
  2인분 테이블 하나 예약해 주세요?
- Je voudrais + 요리명. …을 먹겠습니다.

- Comme entrée, je prendrai une salade grecque.
  전채로 그리스식 샐러드를 먹겠습니다.
- Apportez-moi + 요리명, s'il vous plaît. …을 갖다 주세요.
- Qu'est-ce qu'il y a au menu? 메뉴에는 무엇이 있나요?
- Puis-je avoir le menu? 메뉴를 볼 수 있을까요?
- Je voudrais un menu à 15 euros. 15유로짜리 정식을 원합니다.
- Veuillez attendre un instant. (= Un moment, s'il vous plaît.) 잠깐만 기다려 주십시오.
- Quelle est la spécialité de la maison? 이 식당의 전문 요리는 무엇입니까?
- Pouvez-vous me conseiller? (음식을) 추천해 주실 수 있으십니까?
- Puis-je avoir un carafe d'eau/de l'eau minérale? 물 한 병/광천수를 주시겠어요?

➲ 의견 표명

- (C'est une) bonne idée! 그거 좋은 생각이다!
- (D'accord) je vais goûter. (알겠습니다) 맛보겠습니다.
- Non, je n'aime pas ce vin 아니요, 저는 이 포도주가 싫습니다.
- J'aime beaucoup cette viande. 이 고기를 많이 좋아해요.
- J'adore ces gâteaux. 이 케익 정말 좋아해요.
- Je n'aime pas du tout le poisson. 정말 생선이 싫어요.
- Je déteste ce jambon. 나는 이 햄을 끔찍이 싫어해요.
- Non, je préfère cette tarte. 아니요, 나는 이 파이를 더 좋아해요.

➲ 음식·요리 관련 단어

➾ 양념

l'huile d'olive 올리브유
l'huile de tournesol 식용류
le ketchup 케찹
la moutarde 겨자
la sauce soja 간장
le sel 소금
le sucre 설탕
le poivre 후추
le vinaigre 식초

➾ 요리상태·방법

bleu(e) 설익은
bien cuit(e) 잘 익은
cuit(e) à point 적당히 익은
frit(e) 튀긴
fumée 훈제한
grillé(e) 석쇠에 구운
haché(e) 잘게 썬, 다진
rôti(e) 구운
saignant(e) 설익은

➾ 생선

le calamar 오징어
la crevette 새우

la daurade 도미
l'huître 굴
le maquereau 고등어
le thon 참치
le homard 바다가재
la langouste 대하
la sardine 정어리

➔ 음식 종류

la côte 갈비
l'entrecôte 갈비사이의 고기
l'omelette 오믈렛
le saucisson 소세지
le steak 비프스테이크
des crudités 생야채 요리
le foie gras 거위 간
le rôti 로스구이
le saumon fumé 훈제 연어
les spaghettis 스파게티

5 Chez le médecin 병원에서

✓ Situation 1

Médecin : Bonjour, madame. Qu'est-ce qui vous amène?
Patiente : Docteur, je ne me sens pas bien.
M : Voyons. Qu'est-ce qu'il vous arrive?
P : J'ai mal à la gorge et j'ai des frissons depuis hier. Mais aujourd'hui, je commence à avoir mal partout et un peu de fièvre. Et je tousse.
M : Je vais vous examiner. Désabillez-vous, s'il vous plaît. Je pense que vous avez une bonne grippe! Ce n'est pas bien grave. Je vais vous faire une ordonnance. Vous aurez du sirop pour la toux et des comprimés contre la fièvre.
P : Dois-je garder le lit?
M : Bien sûr, je vous mets en arrêt de travail pendant 5 jours et surtout, reposez-vous.
P : D'accord. Combien je vous dois?
M : La consultation coûtera 22 euros.
P : Je vous remercie beaucoup. Au revoir.

의사 : 안녕하세요, 부인. 무슨 일로 오셨나요?
환자 : 의사선생님, 제가 컨디션이 좋지 않아요.
의사 : 한 번 봅시다. 무슨 일인가요?
환자 : 제가 목도 아프고 어제부터 오한이 들었어요. 하지만 오늘은 온 몸이 다 아프기 시작하고 열도 나기 시작했어요 그리고 기침도 하구요.
의사 : 진찰을 해봅시다. 옷을 좀 벗어보시겠어요. 제가 생각하기에 부인께서 감기에 제대로 걸리셨는데요! 그러나 그렇게 심각하진 않습니다. 처방전을 하나 써드릴게요. 기침을 멎게 하기 위해서 시럽을 그리고 열을 내리기 위해서 알약을 처방해 드리겠습니다.
환자 : 누워있어야 하나요?
의사 : 물론입니다. 5일 동안 병가를 내도록 처방하겠습니다. 특히 푹 쉬세요.
환자 : 알겠습니다. 얼마예요?
의사 : 진료비는 22유로입니다.
환자 : 대단히 감사합니다. 안녕히 계세요.

[단어장]

Qu'est-ce qui vous amène? : 무슨 일로 오셨습니까?
se sentir bien(mal) : 기분이 좋다(나쁘다)
Qu'est-ce qu'il vous arrive? : 무슨 일이세요?
avoir mal à + 신체부위명사 : …가 아프다
la gorge : 목
un frisson : 오한, (추위로 인한) 떨림
commencer à + inf : …하기 시작하다
tousser : 기침하다
se déshabiller : 옷을 벗다
examiner : 진찰(진료)하다, 조사하다
une grippe : 유행성 감기
ordonnance : (약의) 처방, 처방전
un sirop : 시럽 (물약)
une toux : 기침
un comprimé : 알약
rester + 형용사 : (같은 상태, 입장에) 있다
couché(e) : 누운
mettre en arrêt de travail : 병가를 내다
se reposer : 쉬다, 휴식을 취하다
Combien je vous dois? : 얼마인가요?
une consultation : 진찰, 진료, 상담, 협의

✓ Situation 2

Secrétaire : Le cabinet du docteur Michel, bonjour.
M. Kim : Bonjour, Madame, je voudrais prendre un rendez-vous avec le docteur, s'il vous plaît.
S : Oui, monsieur. Jeudi matin, ça vous convient?
K : Non, c'est trop tard. Je peux le prendre le plus tôt possible?
S : Quand voulez-vous venir?
K : Aujourd'hui dans l'après-midi.
S : Non, c'est impossible. Aujourd'hui, c'est complet. Il peut vous recevoir demain à 15 heures 45, cela vous convient?
K : Demain à 15 heures 45. Ce n'est pas possible. Je finis mon travail à 17 heures.
S : A 18 heures 30, ça vous convient?
K : C'est parfait, merci!
S : Vous êtes monsieur?
K : Kim. K comme kiwi, I comme Isabelle, M comme Marie.
S : Êtes-vous déjà venu? Avez-vous un dossier chez nous?
K : Non, c'est la première fois que je viens.

비서 : 미셸 박사님 진료소입니다.
김씨 : 안녕하세요, 박사님과 약속을 잡고 싶은데요.

비서 : 네, 선생님. 목요일 아침이 괜찮으신가요?
김씨 : 아니요, 그건 너무 늦네요. 가능하면 좀 더 빠른 날로 잡을 수는 없나요?
비서 : 언제 오시길 원하시나요?
김씨 : 오늘 오후에요.
비서 : 아니요, 그건 불가능합니다. 오늘은 예약이 모두 찼거든요. 내일 오후 3시 45분에는 가능하겠네요. 이 날짜는 괜찮으세요?
김씨 : 내일 오후 3시 45분이라. 그건 불가능하네요. 일이 오후 5시에 끝나거든요.
비서 : 저녁 6시 30분은 괜찮으신가요?
김씨 : 아주 좋아요, 감사합니다!
비서 : 성함이 어떻게 되시나요?
김씨 : "김"입니다. 키위의 K, 이자벨의 I, 마리의 M 이요.
비서 : 이미 오셨던 적이 있으신가요? 저희 진료소의 서류를 가지고 계세요?
김씨 : 아니요. 이번이 처음 가는 겁니다.

[단어장]

un cabinet : 진찰실
prendre un rendez-vous avec qn : …와 약속을 잡다
convenir à qn : …의 상황(처지)에 맞다
tard : 늦게, 나중에 후에
le plus tôt possible : 가능한 한 빨리
impossible : 불가능한, 있을 수 없는
complet(ète) : (기간, 시간이) 꽉 찬, 만원인
recevoir : (을) 받다
un dossier : (사건, 인물 따위의) 관계 서류 (자료)
C'est la première fois que ~ : … 한 것이 처음이다

✓ Situation 3

Secrétaire : Allô, cabinet du docteur Royal, j'écoute!
Madame Lee : Bonjour, madame, je voudrais changer l'heure de mon rendez-vous, s'il vous plaît.
S : Oui, vous êtes monsieur?
L : Lee. J'avais rendez-vous mercredi 13 heures 40, mais j'ai un empêchement. Je ne peux pas venir à cette heure-là.
S : Vous voulez annuler votre rendez-vous?
L : Mais non! Je voudrais juste le reporter.
S : Quand voulez-vous venir?
L : Si c'est possible, c'est le même jour, mais plus tard. À partir de 18 heures.

S : 18 heures 30. Ça vous convient?
L : 18 heures 30, c'est parfait! Je vous remercie, madame.
S : Je vous en prie. C'est noté.
L : Merci beaucoup! À mercredi!
S : Au revoir. À mercredi!

비서 : 여보세요, 로얄 박사님의 진료소입니다, 말씀하세요!
이씨 : 안녕하세요, 제가 약속시간을 좀 변경하고 싶은데요.
비서 : 네, 성함이?
이씨 : "이"입니다. 수요일 오후 1시 40분이 약속 시간이었지만 제가 일이 생겼습니다. 그 시간에 갈 수가 없게 되었어요.
비서 : 약속을 취소하고 싶으신가요?
이씨 : 아니요! 약속을 연기하고 싶은데요.
비서 : 언제 오시겠습니까?
이씨 : 만약 가능하다면 같은 날이지만 좀 늦게요. 저녁 6시부터 가능합니다.
비서 : 저녁 6시 30분이요. 괜찮으신가요?
이씨 : 저녁 6시 30분. 아주 좋아요! 정말 감사합니다.
비서 : 별 말씀을요. 메모해 두었습니다.
이씨 : 감사합니다! 수요일에 뵙겠습니다!
비서 : 안녕히 계세요. 수요일에 뵙겠습니다!

[단어장]

avoir rendes-vous : 약속이 있다
un empêchement : 방해, 지장, 장애(물)
annuler : (약속을) 취소하다, 무효화하다
juste : 바로, 꼭
reporter : 연기하다, 다시 갖다 놓다
même : 같은
plus tard : 나중에, 후일
à partir de : …부터
C'est noté. : 적어놓았습니다, 메모했습니다.

[대화를 만들어보자]

1. Vous travaillez trop. Vous vous sentez fatigué(e) et vous allez voir un médecin. Vous exposez votre cas, vous répondez à ses questions. Imaginez et jouez le dialogue.
당신은 일을 너무 많이 합니다. 당신은 피곤함을 느껴 의사를 보러 갑니다. 당신의 상황을 이야기하고 의사의 질문에 대답하세요. 상상해보고 역할극을 해보세요.

2. Vous êtes en vacances au bord de la mer. En nageant, vous vous êtes fait mal au pied. Vous allez voir un médecin et lui expliquer ce qui s'est passé. Imaginez et jouez le dialogue.
당신은 바닷가에 휴가를 떠났습니다. 수영을 하다가 발을 다쳤습니다. 당신은 의사에게 가서 어떤 일이 일어났는지 설명하세요. 대화를 상상해보고 역할극을 해보세요.

[더불어 알아두자]

➲ 몸 상태 표현

- J'ai (très) mal là/ici. (= Ça me fait mal là/ici.) 나 여기가 (너무) 아파요.
- Ça ne va pas bien (du tout) 몸이 (전혀) 좋지 않아요.
- Ça va (très) mal. (너무) 아파요.
- Je ne me sens pas (très) bien. 기분이 (아주) 안 좋아요.
- Je ne suis pas en pleine forme. 나 컨디션이 안 좋아요.
- Je suis malade. 아파요.
- Je suis stressé à cause du contrôle du français. 프랑스어 시험 때문에 스트레스가 있어요.
- Je me sens très fatigué et je dors mal la nuit ces jours-ci.
  무척 피곤하고 요즘 밤에 잠을 잘 못 잡니다.

➲ 아픈 부위 표현

- J'ai mal à la tête/à la gorge/à la jambe/à la main/au coeur.
  머리가/목이/다리가/손이/심장이 아프다.
- J'ai mal au ventre/au dos/au pied/au bras. 배가/등이/발이/팔이 아프다.
- J'ai mal à l'estomac/à l'oeil. 위가/눈이 아프다.
- J'ai mal aux yeux/aux dents/aux pieds. 눈이/이가/발이 아프다.
- J'ai la tête qui tourne. 머리가 어지러워요.
- J'ai envie de vomir. 토할 것 같아요.
- J'ai des nausées. 구역질이 나요.
- Je suis enrhumé(e). 감기에 걸렸어요.
- J'ai beaucoup saigné. 피를 많이 흘렸어요.
- Les dents sont sensibles au chaud (au froid). 이빨이 뜨거운 것 (차가운 것)이 닿으면 시려요.

➲ 진료 관련 표현

- Ça ne va pas? 안 좋으세요?
- Qu'est-ce qui vous arrive? 무슨 일이세요?
- Vous êtes malade? 아프세요?

- Où avez-vous mal? 어디가 아프십니까?
- Depuis quand souffrez-vous? 언제부터 아프십니까?
- Etendez-vous ici. 여기 누우세요.
- Relevez votre manche. 소매를 걷으세요.
- Est-ce grave? 심각합니까? → Ce n'est rien. 별거 아닙니다.
- Il faut faire un examen plus complet. 더 정밀한 검사를 받아 보셔야 하겠습니다.
- Je vais prendre votre tension. 혈압을 재겠습니다.
- C'est urgent. Dépêchez-vous. 위급합니다. 서둘러 주십시오.
- Pouvez-vous appeler un médecin, s'il vous plaît? 의사 좀 불러 주시겠습니까?
- A quelle heure (Quel jour) reçoit-il? 몇 시에 (무슨 요일에) 환자를 받습니까?

➲ 처방 관련 표현

- Pouvez-vous me faire une ordonnance(prescription)?
  이 처방전대로 약을 지어주시겠습니까?
- Je voudrais quelque chose contre le rhume. 콧물감기 약을 주세요.
- Vous prenez 3 cuillerées à café. 커피 숟가락으로 3번 복용하세요.
- Vous prenez 3 comprimés juste après chaque repas. 식사 직후에 3알을 복용하세요.
- Vous les prenez entre les repas. 식간에 복용하세요.
- Vous les prenez 3 fois par jour. 하루에 3번 복용하세요.

➲ 약속·예약 관련 표현

- avoir rendez-vous avec qn …와 약속(예약)이 있다 (✓avoir un renez-vous 약속이 있다)
- prendre rendez-vous avec qn …와 약속(예약)을 하다 (✓prendre un rendez-vous 약속하다)
- donner rendez-vous à qn (= fixer rendez-vous à qn) …와 약속을 정하다
- réserver (= faire la réservation) (자리)예약하다
- au nom de + 이름 …의 이름으로
  J'ai réservé deux places au nom de M. Renoir.

➲ 기타 단어

se blesser 다치다
le calmant 진정제
le centre médical (hospitalier) 의료(구호) 센터
se couper 자기 몸을 베다
s'évanouir 정신을 잃다
examiner 검진하다
la fracture 골절
hospitaliser 입원시키다
le médicament 의약품
l'ordonnance 처방전
la pharmacie 약국
ranimer 다시 의식을 찾다
le somnifère 수면제
soigner 돌보다, 간호하다
le spécialiste 전문의

6 A la pharmacie 약국에서

✓ Situation 1

Jung-min : Bonjour. Mon fils tousse depuis 3 jours et ça s'aggrave.
Pharmacienne : Etes-vous allé voir un médecin?
J : Non, notre médecin de famille est en congé. Je me suis dit que vous pourriez me conseiller.
P : Est-ce une toux sèche ou grasse?
J : Grasse.
P : Voici un sirop à lui donner 5 fois par jour. Si ce n'est pas passé dans 5 jours, allez voir votre médecin ou son remplaçant.
J : D'accord, merci.

정민 : 안녕하세요. 제 아들이 3일 전부터 기침을 하는데 더 심해집니다.
약사 : 의사에게 보이셨나요?
정민 : 아니요, 저희 가족 주치의가 휴가를 떠났어요. 선생님께서 조언해 주실 수 있을 거라 생각했습니다.
약사 : 마른 기침인가요 아니면 가래침이 섞인 기침인가요?
정민 : 가래침이 섞인 기침이요.
약사 : 여기 이 시럽을 하루에 5번씩 아이에게 주세요. 만약 5일 안에 낫지 않으면 당신의 의사나 그를 대신하는 다른 의사에게 데려가세요.
정민 : 알겠습니다, 감사합니다.

[단어장]

s'aggraver : 악화되다, 더 심해지다
aller voir un médecin : 의사에게 진찰받으러 가다
être en congé : 휴가 중에 있다
se dire que + ind : …라 생각하다
sec(sèche) : (메)마른, 건조한
gras(se) : 지방질의, 지방으로 이루어진

✓ Situation 2

Pharmacienne : Bonjour.
M. Choi : J'ai la migraine depuis plus d'une semaine.
P : Avez-vous pris des médicaments?
C : Oui. J'ai pris des médicaments mais ils ne font aucun effet.
P : Montrez-moi la boite? Ils sont pourtant très puissants.
C : Avez-vous quelque chose de plus puissant?
P : Je peux vous donner quelque chose d'encore plus fort, mais si ça ne passe pas, vous devriez consulter un médecin.
C : D'accord, merci. Pensez-vous que ça peut être grave?
P : Si ça passe avec ces médicaments-ci, ne vous faites pas de soucis.
C : J'espère que ça va passer.

약사 : 안녕하세요.
최씨 : 제가 일주일 전부터 편두통이 있습니다.
약사 : 약을 복용하셨나요?
최씨 : 네, 약은 복용했지만 전혀 효과가 없네요.
약사 : 케이스를 보여주시겠어요? 그래도 이 약은 굉장히 강한 약인데요.
최씨 : 더 강한 약이 있나요?
약사 : 제가 더 강한 약을 드릴 수는 있지만 만약 그것도 효과가 없다면, 의사에게 진찰받으셔야 합니다.
최씨 : 알겠습니다. 감사합니다. 심각해질 수 있다고 생각하시나요?
약사 : 만약 이 약으로 괜찮아진다면, 너무 걱정 마세요.
최씨 : 괜찮아지기를 바래요.

[단어장]

la migraine : (편)두통
plus de + 숫자 : …이상의
un effet : 효과, 효력
une boite : 상자, 통, 갑, 케이스
pourtant : 그러나, 그렇지만, 그럼에도 불구하고
puissant(e) : 강력한, 힘이 강한
quelque chose de plus puissant : 더 강한 것
fort(e) : 힘센, 강한
Ça ne passe pas. : (고통 따위가) 없어지지 않다.
consulter : 진찰받다, 상담하다, 문의하다
un souci : 걱정, 근심, 근심거리
J'espère que + ind : …하기를 바란다

[대화를 만들어보자]

1. Votre fils est tombé de vélo. Vous venez acheter de quoi soigner ses blessures. Imaginez et jouez le dialogue.
   당신의 아들이 자전거를 타다 넘어졌습니다. 당신은 상처를 치료하기 위한 어떤 것을 사러갑니다. 상상해보고 역할극을 해보세요.

2. Votre médecin vous a prescrit un médicament mais ils ne l'ont pas pour le moment à la pharmacie. Il faut le commander. Imaginez et jouez le dialogue.
   당신의 의사가 당신에게 약을 처방해 주었지만 그 약은 약국에 있지 않습니다. 주문을 해야만 합니다. 상상해보고 역할극을 해보세요.

[더불어 알아두자]

⊃ 경고(조심) 표현

- Il serait prudent de voir un médecin. 의사를 만나는 것이 현명할 것이다.
- Il ne faut pas abuser des médicaments. 약을 남용해서는 안 된다.
- Vous ne devez pas fumer. 당신은 담배를 피워서는 안 됩니다.
- Attention! C'est contre-indiqué. 조심하세요! 그건 위험합니다.
- Faites attention, il y a une contre-indication. 조심하세요, 금기사항입니다.
- Je vous rappelle que l'alcool est déconseillé. 알콜은 금지라는 걸 상기시켜 드리죠.

⊃ 불안·근심 표현

- C'est angoissant. 불안스러워.
- Ça m'angoisse. 불안하게 하네.
- Je suis stressé(e). 스트레스 받고 있어.
- Ça me donne du stress. 스트레스를 주네.
- Ça m'inquiète. 걱정스러워.
- Je m'inquiète de l'examen. 시험이 걱정이야.
- Ça m'énerve. 짜증나게 (성가시게) 하네.
- Je me fais des soucis. 걱정스러워.
- C'est un cauchemar. 악몽이야.
- Je me soucie du résultat de l'examen. 시험결과가 걱정이야.
- C'est grave. 심각해.

- Je suis mal à l'aise devant l'examinateur français.
  나는 프랑스 시험관 앞에서 마음이 불편해.
- Quel horreur! 너무나 끔찍해!/C'est horrible. 끔찍해.
- J'ai horreur de me lever au petit matin. 나는 새벽에 일어나는 일이 끔찍스러워.
- J'ai peur de rater l'examen. 시험에 떨어질까 봐 두려워.

➲ 증상 표현

- Je souffre beaucoup. 나는 너무 아파요.
- Ça saigne. 피나다.
- Ça brûle. 열이 나다 (몸이 뜨겁다).
- Ça pique. 따끔하다, 근질근질하다.
- Ça démange. 가렵다.

➲ 생리적 욕구를 표현할 때

- J'ai (très) envie de dormir/manger/boire/aller aux toilettes.
  나 (너무) 자고 싶다/먹고 싶다/마시고 싶다/화장실에 가고 싶다.

➲ 신체명칭

la bouche 입	le bras 팔	le cou 목
le coude 팔꿈치	la dent 이	le doigt 손가락
le dos 등	l'épaule 어깨	la fesse 엉덩이
le front 이마	le genou 무릎	la hanche 허리
la jambe 다리	la langue 혀	la lèvre 입술
le nez 코	la main 손	le menton 턱
l'oeil (yeux) 눈	l'ongle 손톱, 발톱	l'oreille 귀
l'orteil 발가락	la paupière 눈꺼풀	la peau 피부
le pied 발	le poignet 손목	la poitrine 가슴
le sourcil 눈썹	le talon 발뒤꿈치	la tête 머리
le visage 얼굴		

UNITE 5
여행과 관련된 상황

1 La météo 일기예보

✓ Situation 1 Bulletin météo du 14 août (8월 14일 일기예보)

Présentateur : Aujourd'hui, il fera très chaud et le soleil brillera sur toute la France. A l'aube, le ciel sera couvert par endroits. Cet après-midi, il fera entre 29 et 34 degrés dans tout le pays. En fin de journée, il y a des risques d'orages dans le Sud-Ouest.

기상캐스터 : 오늘 날씨는 매우 덥고 프랑스 전역에 해가 내리 쬘 것입니다. 새벽에는 부분적으로 하늘이 구름으로 덮일 것입니다. 오늘 오후에는 전국이 29도에서 34도가 될 것입니다. 해질녘에는 남서쪽에 폭풍우의 위험이 있을 것입니다.

[단어장]

Il fait chaud. : 날씨가 덥다.
le soleil : 태양
briller : 빛나다
une aube : 새벽, 여명
couvert(e) : 덮인, 덮여 가려진
par endroit : 군데군데, 곳곳에
Il fait entre 29 et 34 degrés. : 기온은 29℃에서 34℃ 사이입니다.
en fin de journée : 하루의 끝에
un risque : 위험, 위협
un orage : 뇌우, 폭풍우
le Sud-Ouest : 남서쪽

✓ Bulletin météo du 16 janvier (1월 16일 일기예보)

Présentatrice : Aujourd'hui, il fera froid et le ciel sera couvert avec quelques éclaircies. On observera de nombreuses zones de brouillard et de sérieux risques de verglas sur les routes du Centre et de l'Est. Dans le courant de la journée, au nord de la Loire et sur les Alpes, les chutes de neige seront fréquentes et abondantes. La températures oscillera entre -6℃et -3℃.

기상캐스터 : 오늘은 날씨가 춥고 하늘은 가끔씩 개다가 구름으로 덮일 것입니다. 수많은 안개 지역이 발생할 것이고, 중부와 동부 지역의 도로에는 빙판이 만들어질 위험이 클 것입니다. 하루 종일 루아르 북부와 알프스 지역에는 강설이 자주 그리고 많이 내릴 것입니다. 기온은 -6도와 -3도 사이가 될 것입니다.

[단어장]

une éclaircie : (하늘이) 잠시 갬, (안개가) 잠시 걷힘
observer : 관찰하다, 관측하다, 준수하다
une zone : 지역, 대
un brouillard : 안개
un verglas : (땅 위의) 빙판
sur les routes : 도로상에서
le courant de la journée : 하루 중에
une chute de neige : 강설
fréquent(e) : 자주 일어나는, 빈번한, 흔한, 흔히 볼 수 있는
abondant(e) : 많은, 풍부한, 빽빽한
la température : 기온, 온도
osciller : 흔들리다, 진동하다, 동요하다
entre A et B : A와 B 사이에

✓ Situation 2

A : Bonjour. Je viens de France. Nous sommes en octobre. Quel temps fait-il en Corée?
B : En octobre, c'est l'automne. Il ne fait ni froid ni chaud, mais c'est très agréable bien qu'il pleuve de temps en temps.
A : Ah, bon.
B : En général, le ciel est dégagé et bleu clair et il y a toujours du soleil. Les températures normales sont entre 15 et 23 degrés.
A : Je trouve que les montagnes vous offrent de beaux paysages : les arbres sont couverts de feuilles jaunes et brunes. C'est magnifique!

A : 안녕하세요. 저는 프랑스에서 왔습니다. 지금은 10월입니다. 한국의 날씨는 어떻습니까?
B : 10월은 가을입니다. 가을은 춥지도 덥지도 않습니다. 가끔 비가 내리지만 아주 쾌적합니다.
A : 아 그래요.
B : 대체로 하늘은 파랗게 맑게 갠 상태이며 항상 햇빛이 납니다. 평균 기온은 15에서 23도 사이입니다.
A : 산들이 아름다운 풍경을 보여 준다고 생각합니다. 나무들은 노란빛과 갈색빛의 나뭇잎으로 뒤덮여 있습니다. 너무나 멋있습니다.

[단어장]

venir de : …에서 온
Nous sommes en octobre. : 지금은 10월이다.
ne ~ ni ~ ni : …도 …도 아니다
bien que +sub : …에도 불구하고
de temps en temps : 가끔
en général : 일반적으로, 보통
le bleu clair : 밝은 푸른색
dégagé : 훤히 트인
Il y a toujours du soleil.: 항상 햇볕이 있다.
la température : 기온, 온도
entre A et B : A와 B 사이
Je trouve que + ind : …라고 생각하다
offrir : 제공하다
le paysage : 풍경
couvert(e) de : …으로 뒤덮인
la feuille : 나뭇잎
jaune : 노란색
brun(e) : 갈색

[대화를 만들어보자]

1.Vous projetez de partir en voyage en Europe avec votre ami(e). Vous vous renseignez sur la météo des pays que vous allez visiter. Imaginez et jouez le dialogue.
당신은 친구들과 함께 유럽 여행을 떠날 계획입니다. 당신은 방문할 나라의 날씨에 대해 알아봅니다. 상상해보고 역할극을 해보세요.

2. Votre amie vous téléphone du Nord des Etats-Unis. Vous lui demandez quel temps il a fait. Imaginez et jouez le dialogue.
당신의 친구가 북미에서 당신에게 전화를 합니다. 당신은 그에게 날씨가 어떤지 묻습니다. 상상해보고 역할극을 해보세요.

[더불어 알아두자]

⊃ 날씨 묻기

- Que dit la météo? 일기예보에서 뭐라고 그러니?
- Quel temps fait-il aujourd'hui? 오늘 날씨가 어때요?
- Quel temps fait-il à Paris? 빠리 날씨가 어때요?
- Quel temps fait-il en été? 여름에는 날씨가 어때요?
- Est-ce qu'il pleut? (지금) 비가 오니?/Va-t-il pleuvoir? 비가 올 것인가?
- Y a-t-il du brouillard? 안개가 꼈니?

⊃ 날씨 표현

- Il fait (très) chaud/froid/frais.
  날씨가 (너무) 덥다/춥다/서늘하다.
- Il fait beau/mauvais. 날씨가 좋다/나쁘다.
- Il pleut./La pluie tombe. 비가 온다./비가 떨어진다.
- Il neige./La neige tombe.
  눈이 온다./눈이 떨어진다.
- Il gèle. 얼음이 얼었다 (기온이 영하로 내려갔다).
- Il y a du brouillard. 안개가 끼었다.
- Il y a des nuages./Le ciel est nuageux.
  구름이 끼었다./하늘에 구름이 끼었다.
- Il y a un orage./Un orage éclate.
  폭풍우가 왔다./번개치고 심한 비바람이 분다.
- Il fait gris./Le ciel est couvert.
  날씨가 우중충하다./하늘이 (구름으로)덮였다.
- Il y a du soleil. 날씨가 좋다.
- Il y a du vent. 바람이 분다.
- Le vent souffle faiblement/fort/violemment.
  바람이 약하게/강하게/거세게 불다.
- Le vent souffle du nord à l'est.
  바람이 북쪽에서 동쪽으로 불다.

⊃ 온도 표현

- Quelle est la température? 온도가 몇 도니? → Il fait 24 degrés. 온도는 24도야.
- Les températures montent/remontent/sont en hausse. 기온이 상승한다.
- Les températures baissent/descendent/sont en baisse. 기온이 내려간다.

➲ 날씨에 관한 느낌 표현

- J'ai (très) chaud/froid. (너무) 더워요/추워요.
- Je meurs de froid/de chaud. 추워서/더워서 죽을 것만 같아요.
- Il fait un froid de canard. = Ça caille. 지독히 춥군.
- Il fait très mauvais temps. = Il fait un temps de chien. 고약한 날씨야(강조).
- Quelle chaleur/pluie!
  어찌나 더운지!/어찌나 비가 내리는지!
- Quel brouillard! 어찌나 안개가 많이 꼈는지!
- Quel soleil! 얼마나 해가 쨍쨍 내리 쬐는지!
- Quel vent! 얼마나 바람이 많이 부는지!
- Qu'est-ce qu'il fait froid! 어쩜 이렇게 추울까!
- Qu'est-ce qu'il fait chaud! 어쩜 이렇게 더울까!

2 A l'office du tourisme 관광 안내소

✓ Situation 1

Namsou : Bonjour. Je reste 3 jours à Paris. Pouvez-vous me dire ce qu'il y a d'intéressant à visiter.
Employée : Si ça vous intéresse, il y a des visites guidées de la ville, tous les jours à partir de 8 heures 30.
N : Ah oui, c'est super. Combien ça coûte?
E : C'est 50 € pour une journée, repas non compris.
N : Puis-je faire une visite demain?
E : Bien sûr. Rendez-vous à 8 heures 15 devant notre bureau.
N : Merci. A demain.

남수 : 안녕하세요. 저는 3일 동안 파리에 머물 겁니다. 방문할 만한 곳을 좀 알려주실 수 있으세요?
직원 : 혹시 관심이 있으시다면 매일 8시 30분부터 출발하는 안내원을 동반한 도시 관람 코스가 있어요.
남수 : 아 그래요, 아주 좋은데요. 가격이 얼마죠?
직원 : 하루에 50유로이고 식사는 포함되어 있지 않아요.
남수 : 내일 방문이 가능한가요?
직원 : 물론이죠. 저희 사무실 앞에서 8시 15분에 만나면 됩니다.
남수 : 감사합니다. 내일 뵈요.

[단어장]

rester : (같은 장소에) 있다
intéresser qn : …의 관심을 불러 일으키다
la visite guidée : 안내원을 동반하는 관람
tous les jours : 매일
à partir de : …부터
une journée : (아침부터 저녁까지) 하루, 낮 동안
non compris : 별도
un rendez-vous : 약속
le bureau : 사무실

✓ Situation 2

Namsou : Bonjour. On m'a dit qu'il y avait une exposition exceptionnelle pour le moment au Musée des Beaux-Arts.
Employée : Oui, il y une exposition des peintres Flamands jusqu'à la fin de ce mois.
N : Où se trouve ce musée?
E : En plein centre-ville. Vous pouvez y aller en bus.
N : D'accord.
E : Vous devez prendre le bus 46 et descendre à l'arrêt «Beaux-Arts». Le musée se trouve juste en face de l'arrêt du bus. Attention, le musée ferme ses portes à 16 heures.
N : D'accord, merci.

남수 : 안녕하세요. 지금 보자르 박물관에서 특별한 전시회가 있다고 들었는데요.
직원 : 네, 이달 말까지 플라망 화가의 전시회가 있습니다.
남수 : 그 박물관이 어디에 있죠?
직원 : 도시 중심가에 있어요. 버스로 거기까지 가실 수 있으세요.
남수 : 알겠습니다.
직원 : 46번 버스를 타셔서 '보자르'역에서 내리세요. 박물관은 바로 버스정류장 맞은편에 있습니다. 주의하셔야 할 것이 있어요, 박물관은 오후 4시에 문을 닫아요.
남수 : 알겠습니다, 감사합니다.

[단어장]

une exposition : 전시, 박람회
exceptionnel(le) : 예외적인, 이례적인, 특별한
pour le moment : 지금으로서는, 당장은
peintre : 화가
jusqu'à : …까지
ce mois : 이번 달
se trouver : 있다, 존재하다, 발견되다

en plein(e) qch : … 한 복판에
en bus : 버스로
descendre : 내리다
un arrêt : 정류장
en face de : …의 정면에
une attention : 주의, 조심, 긴장, 관심
fermer : 닫다, 문닫다

✓ Situation 3

Bora : Bonjour. Il paraît qu'il y a des grottes très intéressantes dans la région.
Employé : Oui, les Grottes de Messianes.
B : Ah, et comment peut-on aller jusque là?
E : C'est un peu compliqué. Le plus simple serait de vous joindre à un groupe qui fait une visite organisée du site.
B : C'est très bien.
E : Il y a une visite prévue cet après-midi à partir de 14 heures.
B : D'accord, je vais aller faire un tour dans le quartier et revenir.

보라 : 안녕하세요. 이 지역에 흥미로운 동굴이 있다고 들었는데요.
직원 : 네, 메시안의 동굴이죠.
보라 : 아, 거기까지 어떻게 갈 수 있죠?
직원 : 그게 조금 복잡합니다. 가장 간단한 방법은 그곳을 단체 관광할 그룹과 함께 가는 거예요.
보라 : 좋아요.
직원 : 오늘 오후 2시부터 관광 일정이 있습니다.
보라 : 알겠어요, 그럼 전 이 근방을 한번 돌아보고 다시 돌아오겠습니다.

[단어장]

Il paraît que + ind : …라고들 한다, …라는 소문이 돈다
une grotte : 동굴
la région : 지역
jusque : (장소) …까지
compliqué(e) : 복잡한, 까다로운
se joindre à : (와)결합 (합류)하다
une visite organisée : 단체 관람
prévu(e) : 예측된, 예정된, (미리) 규정된
cet après-midi : 오늘 오후
à partir de : …부터
faire un tour : (출발지로 다시 돌아오는) 여행, (짧은) 산책
le quartirer : (도시의) 구, 구역

[대화를 만들어보자]

1. Vous avez entendu parlé d'une maison construite par un architecte mondialement connu. Vous demandez où elle se trouve et si on peut la visiter. Imaginez et jouez le dialogue.
   당신은 세계적으로 유명한 건축가가 지은 집이 있다는 얘기를 들었습니다. 그 집이 어디에 있는지 그리고 그 집을 방문할 수 있는지 묻습니다. 상상해보고 역할극을 해보세요.

2. Vous demandez des renseignements à propos du carnival de Nice : défilé heure, point de départ, point d'arrivée. Imaginez et jouez le dialogue.
   당신은 니스 카니발에 관한 정보들을 묻습니다. : 행진, 시간, 출발지점, 도착지점. 상상해보고 역할극을 해보세요.

3. Vous passez une journée à Paris et demandez ce qu'il y a à visiter. Imaginez et jouez le dialogue.
   당신은 파리에서 하루를 보냅니다. 그리고 관광할 것이 있는지 묻습니다. 상상해보고 역할극을 해보세요.

[더불어 알아두자]

➲ 서비스 이용 시간 표현

- 24 heures sur 24 (24h/24) 24시간 내내
- 7 jours sur 7 (7j/7) 일주일 내내
- 365 jours par an 365일 연중무휴

➲ 개점·폐점 시간 표현

➾ de +시간 + à 시간 : …시부터 …시까지

- Ouverture : du lundi au vendredi de 9h 15 à 19h
  개점 : 월요일에서 금요일 오전 9시 15분부터 저녁 7시
- Fermeture : le samedi de 12 heures à 14 heures
  폐점 : 매주 토요일 12시에서 14시까지

➲ 관광 관련 표현

- Y a-t-il des visites de groupes à Paris? 파리 단체 관광이 있습니까?
- Pouvez-vous me conseiller une visite? 관광할 곳 한 군데 권해주실 수 있습니까?
- Pouvez-vous me conseiller des sites touristiques à visiter?
  방문할 만한 관광지를 권해주실 수 있습니까?
- Où a lieu le départ/le retour? 출발은/귀가는 어디입니까?
- A quelle heure est le départ/le retour? 몇 시에 출발합니까?/돌아옵니까?
- Combien de temps le voyage dure-t-il? 여행은 얼마나 걸립니까?
- Quels sont les monuments les plus intéressants? 가장 가 볼만한 기념물은 어떤 것입니까?
- Avez-vous un plan de la ville? 시내지도가 있습니까?

- Je voudrais acheter des reproductions de ~. …의 복사품을 사고 싶습니다.
- Je voudrais acheter des souvenirs. 기념품을 사고 싶습니다.
- De quelle époque date ce tableau? 이 그림은 어느 시대의 것입니까?
- Qu'est-ce qui se passe? 무슨 일이야?
- Par où est-ce qu'il passe? 어디로 지나갑니까?
- D'où est-ce qu'on le voit le mieux? 어디에서 가장 잘 보입니까?
- On voit le feu d'artifice/le défilé militaire/le bal.
  불꽃놀이를/군인행렬을/무도회를 본다.

➲ 조언·충고 구하기 표현

- Qu'est-ce que vous me conseillez? 나에게 어떤 조언을 해주시겠습니까?
- À votre avis, lequel est le mieux? 당신 생각엔 어떤 게 가장 낫습니까?
- Vous pensez que le musé du Louvre est mieux?
  당신 생각에는 루부르 박물관이 더 나은가요?
- À ma place, vous prendriez lequel? 내 입장이라면, 당신은 무엇을 선택하실 건가요?
- Qu'est-ce que vous feriez, à ma place? 내 입장이라면, 당신은 어떻게 하실 겁니까?

➲ 조언·충고 표현

- Je vous conseille le musée du Louvre. 난 당신에게 루부르 박물관을 추천하겠습니다.
- Je pense/je crois que le musée du Louvre est le meilleur.
  나는 루브르 박물관이 최고라고 생각합니다/믿습니다.
- À mon avis, le musée du Louvre est bien/mieux.
  내 생각엔 루부르 박물관이 좋습니다/낫습니다.
- À mon avis, le musée du Louvre est moins bien. 내 생각엔 루부르 박물관이 덜 좋습니다.
- À votre place, je prendrais le musée du Louvre.
  내가 당신이라면, 루브르 박물관을 선택하겠습니다.

➲ 기타 단어

la cathédrale 대성당
le château 성
la fontaine 분수
l'hôtel de Ville 시청
la mairie 시청
le musée 박물관
la ruine 유적
la tombe 무덤
le tour 탑
le centre ville 중심가
l'église 성당, 교회
la galerie 화랑
le jardin public 공원
le mémorial 기념관
l'opéra 오페라 극장
le temple 절
le théâtre (연극) 극장
le zoo 동물원

3 A l'agence de voyage 여행사에서

✓ Situation 1

Cliente : Bonjour. Je voudrais avoir des informations sur des excursions à Paris.
Employé : Etes-vous seule ou en groupe?
C : Je suis seule mais je veux bien me joindre à un groupe.
E : Il y a une excursion en car avec visite guidée de la ville et du Musée de Paris.
C : Combien ça coûte?
E : 58,30 €, déjeuner compris.
C : A quelle heure et où se fait le départ?
E : Tous les week-ends à 8 heures devant l'agence et retour vers 18 heures.
C : C'est parfait. Je vais faire cette excursion.

손님 : 안녕하세요. 파리 여행에 관련된 정보를 좀 알고 싶은데요.
직원 : 혼자세요 아니면 그룹이세요?
손님: 혼자예요. 그렇지만 그룹에 합류하는 것도 좋아요.
직원 : 여행가이드와 함께 도시와 파리 박물관을 방문하는 여행이 있습니다.
손님 : 얼마죠?
직원 : 점심식사 포함된 가격으로 58,30유로입니다.
손님 : 몇 시에 그리고 출발은 어디서 하나요?
직원 : 매 주말마다 8시에 여행사 앞에서 출발하고 오후 6시경에 돌아옵니다.
손님 : 아주 좋아요. 이 여행으로 할게요.

[단어장]

une information : 정보
une excursion : (가벼운) 여행, 소풍, 산책
seul(e) : 혼자인, 홀로인
en group : 단체
se rejoindre : 서로 합쳐지다
en car : 관광버스로
car : 왜냐하면 …이니까
se faire : 하다, 행동하다
le départ : 출발
une agence : 대리점, 대행 사무소
le retour : 돌아옴, 귀환, 귀로

✓ Situation 2

Employée : Bonjour, monsieur, que désirez-vous?
Client : Je voudrais deux billets aller-retour Séoul-Paris.
E : Quand voulez-vous partir?
C : Je voudrais partir le 5 août et rentrer le 25 septembre.
E : D'accord. Vous prendrez le vol Korean Air 901 de 19 heures 30.
C : Bon. A combien ça revient?
E : Ça fera 1200 euros.
C : Il n'y a pas d'autres vols moins chers que ça?
E : Non. À cette date-là, on n'a que Korean Air.
C : Ah bon! Tant pis. Je vais le prendre. Tenez, 1200 euros.
E : Merci. Pour choisir votre siège, faites enregistrer vos bagages. Et pour obtenir la carte d'embarquement, vous allez à la porte 34. N'oubliez surtout pas que vous devez arriver au moins deux heures avant le départ.
C : Je sais, merci. Est-ce que je pourrais changer la date de retour?
E : Bien sûr. Votre billet est valable pendant 1 an.
C : Merci, madame. Au revoir!
E : Bon voyage et bon retour!

직원 : 안녕하세요, 무엇을 원하시나요?
손님 : 서울-파리 왕복 티켓 2장이요.
직원 : 언제 떠나세요?
손님 : 8월 5일에 출발해서 9월25일에 돌아오는 걸로 원합니다.
직원 : 알겠습니다. 손님께서는 저녁 7시 30분 출발하는 대한항공 901기를 탑승하시게 됩니다.
손님 : 좋아요. 얼마죠?
직원 : 1200유로입니다.
손님 : 이것보다 더 싼 비행기는 없나요?
직원 : 없네요. 이 날짜에는 대한항공밖에 없습니다.
손님 : 아 그래요! 어쩔 수 없죠. 그걸로 할게요. 여기 있습니다. 1200유로.
직원 : 감사합니다. 손님의 좌석을 선택하시려면 손님의 가방들을 탁송하셔야 합니다. 그리고 탑승권을 받으시려면 34번 게이트로 가세요. 적어도 출발 2시간 전에는 도착 하셔야 한다는 것을 절대로 잊으시면 안 됩니다.
손님 : 알고 있습니다. 감사합니다. 돌아오는 날짜는 바꿀 수 있나요?
직원 : 물론이죠. 손님의 티켓은 1년 동안 유효합니다.

손님 : 고마워요. 안녕히 계세요.
직원 : 좋은 여행되세요, 안녕히 돌아가세요.

[단어장]

le vol : 비행, 비행편
moins ~ que : …보다 덜 …한
Tant pis. : 할 수 없지.
un siège : 좌석, 의자
faire+inf : 시키다, …하게 하다
enregistrer : 기입(기재) 하다
un bagage : 짐, 가방, 수하물
obtenir : 획득하다, 얻다
la carte d'embarquement : (비행기) 탑승권
au moins : 적어도
le départ : 출발
le retour : 돌아옴, 귀환, 귀로
valable : 효력이 있는, 유효한

[대화를 만들어보자]

1. Vous voulez passer un week-end à la mer avec votre fiancé. Vous demandez des renseignements sur les formules et les prix. Imaginez et jouez le dialogue.
당신은 당신의 약혼자와 바다에서 주말을 보내고 싶습니다. 당신은 여행 상품과 가격에 대해 물어봅니다. 상상해보고 역할극을 해보세요.

2. Vous voulez aller en France avec votre famille ou des amis. Vous vous rendez dans une agence de voyages. Vous précisez les dates, le nombre de personnes, pourquoi vous voulez faire ce voyage en France, ce que vous voulez visiter, etc. L'employé vous propose différentes formules, différents prix. Imaginez et jouez le dialogue.
당신은 당신의 가족들 혹은 친구들과 함께 프랑스에 가고 싶습니다. 당신은 여행사에 갑니다. 당신은 날짜, 사람 수, 왜 이 프랑스 여행을 하고 싶은지, 관광하고 싶은 곳 등을 분명히 말합니다. 직원은 당신에게 여러가지 여행 상품, 다양한 가격을 제안합니다. 상상해보고 역할극을 해보세요.

[더불어 알아두자]

➲ 비행기 관련 표현

- L'avion décolle à 7 heures et atterrira à 9 heures.
비행기는 7시에 이륙해서 9시에 도착합니다.

- Est-il direct? 직행입니까?
- Vous devez payer un supplément. 추가 요금을 더 내야겠습니다.
- Quelles sont les escales? 경유지는 어디입니까?
- A quelle heure se fait l'enregistrement? 몇 시에 체크인 합니까?
- Combien pèsent-ils? 무게가 얼마나 됩니까?
- Avez-vous des bagages en cabine? 들고 들어가는 짐도 있습니까?

➲ 권유의 표현

➾ inviter qn à + 명사/inf : …에게 …하도록 권유하다

- Je vous invite à vous asseoir. 앉으세요.

➾ prier qn de + inf : …에게 …하도록 청하다

- Les passagers sont priés de patienter en salle d'embarquement.
  승객 여러분들께서는 탑승대기실에서 기다려주시기 바랍니다.

➾ Merci de (bien) vouloir + inf : …하여 주시면 (대단히) 감사하겠습니다

- Merci de bien vouloir montrer votre passeport. 여권을 보여주시면 감사하겠습니다.

➾ Vous devriez + inf : …해 주세요

- Vous devriez partir demain. 내일 떠나주기 바랍니다.

➾ Il vaut mieux + inf/que 주어 + 동사 : …하는 편이 더 낫다

- Il vaut mieux rester à la maison que sortir. 외출하는 것보다 집에 있는 편이 더 낫다.

➾ Je vous conseille de + inf : …할 것을 권합니다

- Je vous conseille d'aller voir le docteur. 의사에게 가볼 것을 권한다.

➾ 주어 + ne + avoir qu'à + inf : (주어는) …하기만 하면 된다

- Tu n'as qu'à lire le journal. 당신이 그 신문을 읽어보면 된다.

4 Vive les vacances 바캉스 만세

✓ Situation 1

Sylvie : Je suis partie à la montagne pendant une semaine.
Namsou : Toute seule ou avec des amis?
S : J'ai fait de la randonnée avec un groupe. On était dix en tout.
N : Des gens du même âge que toi?
S : Oui, tous moins de 25 ans.
N : Il n'a pas plu la semaine dernière?
S : Non, il n'a pas fait trop chaud non plus, le temps idéal pour faire de la randonnée. Nous avons aussi mangé des plats typiques de la région et dormi à la belle étoile.
N : Ah bon, ça ne devait pas être très confortable?
S : Non, mais c'était une chouette expérience.

실비 : 나는 일주일동안 산으로 여행 떠났었어.
남수 : 혼자서 아니면 친구들이랑?
실비 : 단체로 도보 여행했어. 모두 열 명이었지.
남수 : 다들 너랑 같은 나이 사람들이었니?
실비 : 응, 모두 25세였어.
남수 : 지난주에 비 내리지 않았었니?
실비 : 아니, 날씨도 그렇게 덥지 않았는걸. 도보여행 하기에 이상적인 날씨였어. 그리고 우리는 그 지역의 대표적인 음식도 먹고 예쁜 별들을 보면서 잠들었지.
남수 : 아 그래, 별로 편안하진 않았을 것 같은데?
실비 : 응, 하지만 정말 멋진 경험이었지.

[단어장]

faire de la randonnée : (긴) 산책을 가다
On était dix. : 10명이었어.
en tout : 완전히, 전부
un âge : 나이
moins de + 숫자 : (숫자) …이하 (미만)의
typique : 전형적인, 대표적인
dormir : 자다
une étoile : 별
la région : 지역
confortable : 안락한, 쾌적한
chouette : 멋진, 근사한
une expérience : 체험, 경험

✓ Situation 2

Sophie : Je suis allée à la mer pendant 2 semaines.
Minsou : Ah bon, tu as eu du beau temps?
S : Oui, il a fait très beau. J'ai pu nager tous les jours. J'ai aussi fait de la planche à voile. C'était la première fois de ma vie, ça m'a beaucoup plu.
M : Ton hôtel était près de la mer?
S : Oui, juste en face. J'avais une chambre avec vue sur la mer.
M : Ah, ça devait être chouette.
S : Oui, j'ai fait des balades sur la plage tous les soirs. Le coucher du soleil était magnifique.

소피 : 나는 2주 동안 바닷가에 다녀왔어.
민수 : 아 그래, 날씨가 좋았었니?
소피 : 응, 날씨가 정말 좋았었어. 매일 수영을 할 수 있었어. 그리고 윈드서핑도 했었어. 내 인생에서 처음이었어, 너무 즐거웠지.
민수 : 호텔이 바닷가 근처에 있었니?
소피 : 응, 바로 앞에 있었어. 내 방은 바닷가로 전망이 나 있었지.
민수 : 아, 정말 멋졌겠다.
소피 : 응, 매일 밤마다 바닷가에서 산책했었어. 저녁 노을이 정말 멋졌었지.

[단어장]

nager : 수영하다, 헤엄치다
tous les jours : 매일
faire de la planche à voile : 윈드서핑을 하다
la fois : 번, 회
plaire à qn : …의 마음에 들다
près de : …가까이에
juste : 바로, 꼭
en face : 정면으로
avec vue sur + 장소 : (장소) 쪽으로 전망
faire des balades : 산책하다
tous les soirs : 매일 밤
le coucher du soleil : 일몰
magnifique : 화려한, 장엄한

[대화를 만들어보자]

1. Vous avez fait un safari en Tanzanie. Vous racontez votre voyage à une amie. Imaginez et jouez le dialogue.
당신은 탄자니아에서 사파리 여행을 했습니다. 당신은 그 여행에 대해 친구에게 이야기 해줍니다. 상상해보고 역할극을 해보세요.

2. Vous voulez partir en vacances avec votre collègue de travail. Vous lui expliquez ce que vous voudriez faire. Imaginez et jouez le dialogue.
당신은 직장 동료와 함께 휴가를 떠나고 싶어 합니다. 당신은 그에게 당신이 하고 싶은 것들에 대해 설명해줍니다. 상상해보고 역할극을 해보세요.

[더불어 알아두자]

➲ tout를 사용한 시간표현

➩ tout(e) le(la) + 시간(단수) : (한정된 시간) 내내

- toute la matinée 아침 한나절
- toute la journée 하루 온종일
- toute l'année 일년 내내

➩ tous les + 시간(복수) : (정기적인 반복) 매번

- toutes les deux heures 두 시간마다
- toutes les trois semaines 3주마다 (한번씩)
- tous les samedis 매주 토요일
- tous les ans 매년
- tous les quatre ans 4년마다

➲ 시간 표현

➩ 과거 : "예전에"

hier 어제
autrefois 예전에
jadis 옛날에
ces jours-là 그 당시
à ce moment 그때
jusqu'ici 지금까지
jusqu'à aujourd'hui 오늘까지
la semaine(l'année) dernière 지난 주(해)

➩ 현재 : "지금·현재"

maintenant 지금
aujourd'hui 오늘(날)
à présent 현재
actuellement 현재
ces jours-ci 요즘
en ce moment 지금
à cette heure 지금

➩ 미래 : "미래에·앞으로"

demain 내일
à l'avenir 장래에
à futur (=pour le futur) 미래에
dans un instant 잠시 후
à partir de maintenant (=désormais) 지금부터
dans huit jours 일주일 후
bientôt 곧
le mois prochain 다음 달
l'année prochaine 내년

5 A l'hôtel 호텔에서

✓ Situation 1

Réceptionniste : Allô! Bonjour! Hôtel St-Germain. Que puis-je faire pour vous?
Cliente : Bonjour, monsieur. Je voudrais réserver une chambre pour 2 personnes.
R : Oui, pour quelle date?
C : Le 9 juin.
R : Un instant, je vérifie les réservations...Il nous reste une chambre avec des lits jumeaux.
C : Ce sera parfait. Y a-t-il une salle de bain?
R : Il y a une douche et des wc.
C : C'est bon.
R : Pour combien de nuits?
C : Pour deux nuits. Quel est le prix de la chambre en demi-pension et en pension complète?
R : En demi-pension, le prix s'élève à 58 € et en pension complète à 75 €.
C : Bien. Je souhaiterais la réserver en demi-pension.
R : C'est à quel nom?
C : C'est Kim Hana.
R : Très bien, mademoiselle Kim. Pouvez-vous nous envoyez un fax ou un e-mail de confirmation?
C : Oui, je suis actuellement à l'hôtel à Rome. Je peux le faire par e-mail. Quelle est votre adresse e-mail, s'il vous plaît?
R : C'est hdte@orange.fr
C : Parfait, monsieur. Au revoir.
R : Merci. Au revoir.

접수원 : 여보세요, 안녕하세요, 생 제르망 호텔입니다, 무엇을 도와드릴까요?
손님 : 안녕하세요, 두 사람을 위한 방 하나를 예약하고 싶은데요.
접수원 : 네, 날짜는요?
손님 : 6월 9일이요.
접수원 : 잠시만요, 예약 확인을 해보는 중입니다… 트윈베드룸이 하나 있네요.
손님 : 아주 좋아요. 욕실이 있나요?
접수원 : 샤워실과 화장실이 있습니다.

손님 : 좋아요.
접수원 : 며칠 동안 묵으실 예정이신가요?
손님 : 이틀이요. 한 끼 식사만 포함된 것과 세 끼 식사 모두 포함된 것의 가격이 각각 어떻게 되나요?
접수원 : 한 끼 식사만 포함된 가격은 58유로로, 세 끼 식사 포함 가격은 75유로로 올랐습니다.
손님 : 좋아요. 저는 한 끼 식사만 포함한 것으로 예약하겠습니다.
접수원 : 이름이 어떻게 되시나요?
손님 : 김하나입니다.
접수원 : 잘 알겠습니다, 마드모아젤 김. 저희에게 확인 메일이나 팩스를 보내주실 수 있으세요?
손님 : 네, 제가 현재 로마에 있는 호텔에 있습니다. 이메일로 보내드릴 수 있어요. 이메일 주소를 알려주실 수 있으세요?
접수원 : hdte@orange.fr입니다.
손님 : 좋습니다, 감사합니다.
접수원 : 감사합니다, 안녕히 계세요.

[단어장]

réserver : 예약하다
la date : 날짜
Un instant. : 잠깐만요.
vérifier : 확인하다, 검사하다
une réservations : 예약
Il reste qc/qn + à qn : (…에게) …이 남아있다
des lits jumeaux : 트윈베드
une salle de bain : 욕실
une douche : 샤워, 샤워실
une demi-pension : 한 끼만 먹는 하숙
une pension complète : 세 끼 다 먹는 하숙
s'élever : 올라가다, (가격 따위가) 높아지다, 증대하다
souhaiter + inf : …하기를 원하다
une confirmation : 확인, 확증
actuellement : 현재, 지금
par e-mail : 이메일로

✓ Situation 2

Madame : Bonjour. J'ai réservé la chambre 205.
Employé : Oui. Suivez-moi s'il vous plaît. Voici votre chambre, madame.
M : Mais, il n'y a pas de baignoire dans la salle de bain. Et la lumière ne fonctionne pas.
E : Je suis désolé, nous n'avions plus de chambre avec baignoire. Je vais faire remplacer l'ampoule tout de suite.

M : Vous auriez dû me prévenir. Pourriez-vous au moins me rembourser une partie de ce que j'ai payé car j'ai payé pour une chambre avec baignoire.
E : Evidemment, nous allons régler tout ça à la réception si vous voulez bien.
M : Oh, et je vois qu'il n'y a pas de drap non plus.
E : Heu...la femme de ménage doit encore faire votre lit.
M : D'accord. Descendons pour régler la question du prix de la chambre.

부인 : 안녕하세요. 제가 205호를 예약했는데요.
직원 : 네, 저를 따라오세요. 여기가 손님방입니다.
부인 : 그런데 욕실에 욕조가 없네요. 그리고 전등이 작동하지 않아요.
직원 : 죄송합니다, 저희는 욕조가 있는 방은 없습니다. 제가 전구는 바로 갈아 드리겠습니다.
부인 : 제게 그걸 알려 주셨어야죠. 욕조가 있는 방에 대해 돈을 지불했기 때문에 적어도 지불한 것의 일부분을 환불해 주실 수 있으신가요?
직원 : 물론이죠, 손님께서 원하신다면 카운터에서 이 모든 것을 해결해 드리겠습니다.
부인 : 오, 그리고 시트도 없네요.
직원 : 음… 청소부가 손님의 침대를 정돈해야 합니다.
부인 : 알겠습니다. 방 가격에 대한 문제를 해결하러 내려갑시다.

[단어장]

une baignoire : 욕조, 목욕탕
la lumière : 빛, (전기)불
fonctionner : 작동하다, 움직이다
remplacer : 갈다, 대체하다, 경질하다
une ampoule : 전구
tout de suite : 즉시, 지체 없이
prévenir : 알리다, 예고하다, 경고하다
au moins : 적어도, 어쨌든
rembourser : 갚다, 상환하다, 환불하다
une partie : 부분, 일부
évidemment : 확실히, 틀림없이
régler : 해결하다, (요금 따위를) 치르다, 결산(지불)하다
la réception : (호텔 따위의) 접수계, 리셉션
un drap : 침대 시트
une femme de ménage : 청소부
faire le lit : 침대를 정돈하다
une question : 문제, 질문

[대화를 만들어보자]

1. Vous devez faire les réservations suivantes pour votre voyage de noces. : une chambre (2 personnes), salle de bains et W.C, 3 nuits, prix, petit-déjeuner, confirmation. Imaginez et jouez le dialogue.
당신은 당신의 신혼여행을 위해 다음과 같이 예약을 해야만 합니다. 2명을 위한 방 하나, 욕실과 화장실, 3일 밤, 가격, 아침식사, 확인. 상상해보고 역할극을 해보세요.

2. Vous voulez réserver un hôtel en bord de mer. Imaginez et jouez le dialogue.
당신은 바닷가에 있는 호텔을 예약하고 싶습니다. 상상해보고 역할극을 해보세요.

[더불어 알아두자]

⊃ 호텔 관련 표현

- L'hôtel est complet. 호텔은 만원이다.
- C'est pour combien de nuits? 며칠 묵을 겁니까?
- C'est pour combien de personnes? 몇 사람이나 됩니까?
- Vous pouvez remplir la fiche? 숙박부를 작성해 주시겠어요?
- A quelle heure est servi le petit déjeuner? 아침식사는 몇 시에 제공됩니까?
- Comment fonctionne le radiateur? 난방장치를 어떻게 작동시킵니까?
- A quel hôtel es-tu descendu? 너는 어떤 호텔에 투숙했니?
- Combien coûte la chambre pour une nuit? 하루에 얼마입니까?
- Est-ce que le petit déjeuner est compris? 아침식사도 포함되어 있습니까?
- Le service est-il compris? 서비스료도 가산되어 있습니까?
- Je voudrais une chambre avec deux lits(des lits jumeaux).
  두 개의 침대가 있는 방을 원합니다.
- A quel étage se trouve-t-elle? (방은) 몇 층에 있습니까?
- Puis-je occuper la chambre dès maintenant? 지금 당장 그 방에 들어갈 수 있습니까?
- A quelle heure dois-je libérer la chambre demain? 내일 몇 시에 퇴실해야 합니까?

⊃ 호텔 관련 단어

→ 객실 물품

la baignoire 욕조
la couverture 이불
le drap 시트
le matel 매트리스
la serviette (de toilette) 수건
les toilettes 화장실
le chauffage 난방
la douche 샤워
le lavabo 세면대
l'oreiller 베개
le savon 비누

→ 일반 시설

l'ascenseur 엘리베이터
le parking privé 전용주차장
la réception 카운터
le garage 차고
le porteur 수하물 운반인
le téléphone intérieur 구내전화

➾ 기타

un hôtel 3 étoiles 별 세 개짜리 호텔
une chambre à deux lits 침대 두개가 있는 방
avec un grand lit 더블 침대가 있는
avec salle de bains, douche 욕실과 샤워부스가 있는
avec vue sur la mer 바닷가 쪽으로 전망이 나있는

UNITE 6
문화생활·소식과 관련된 상황

1 La vie culturelle 문화생활

✓ Situation 1

Pierre : Je voudrais trois places pour la séance de 15 heures, s'il vous plaît.
Employée : Désolé, monsieur, mais c'est complet.
P : Et pour la séance suivante?
E : Il n'y a plus rien pour aujourd'hui, mais je peux vous faire une réservation pour la séance de demain.
P : Non merci, nous voulons aller au cinéma aujourd'hui. Avez-vous un autre film à nous conseiller?
E : Oui, il y a un film qui commence à 17 heures. C'est une comédie.
P : Très bien, je vais prendre des places pour ce film.
Puis-je payer avec ma carte de banque?
E : Oui, bien sûr. Voici.

삐에르 : 15시에 상영하는 영화 3자리 주세요.
직원 : 죄송합니다만 전 좌석 매진입니다.
삐에르 : 다음 상영시간은요?
직원 : 오늘은 좌석이 모두 매진입니다만 내일 상영할 영화 예약을 해 드릴 수는 있습니다.
삐에르 : 아니에요, 감사합니다, 우린 오늘 영화를 보고 싶거든요. 추천해주실 다른 영화가 있나요?

직원 : 네, 17시에 시작하는 영화가 하나 있습니다. 코메디 영화에요.
삐에르 : 좋아요, 그 영화로 표를 살게요. 은행 카드로 계산할 수 있나요?
직원 : 물론이죠. 여기 있습니다.

[단어장]

la séance : 상영(상연)시간
une place : 좌석
suivant(e) : 바로 다음의, 다음에 오는, 이후의
complet(ète) : (좌석이) 만원인
faire une réservation : 예약을 하다
ne ~ plus rien : 더 이상 …이 전혀 없다
une comédie : 코메디
payer : 지불하다
une carte de banque : 은행카드

✓ Situation 2

Pierre : Qu'est-ce que vous avez pensé du film?
Sylvie : Moi, j'ai bien aimé.
P : Je trouve que la musique est particulièrement belle. Je ne connaissais pas du tout. C'était la première fois que j'entendais ces chansons.
S : Moi aussi.
Namsou : Moi, je n'ai pas du tout aimé et je n'ai rien compris! J'ai trouvé ça nul!
P : Je pense qu'il n'y avait rien de très profond à comprendre. C'est juste un film de divertissement.
S : Oui, c'est une simple comédie.

삐에르 : 이 영화에 대해 어떻게 생각하세요?
실비 : 아주 좋아요.
삐에르 : 나는 음악이 특별히 아름답다고 생각해요. 나는 이 음악을 전혀 몰랐어요. 이 음악을 들어본 것이 처음이예요.
실비 : 나 역시 그래요.
남수 : 나는 별로예요. 전혀 이해를 못했어요! 나는 이 영화가 형편없다고 생각해요!
삐에르 : 이해해야 할 심오한 것이 아무것도 없다고 생각하는데요. 그것은 단지 기분전환하는 영화일 뿐이예요.
실비 : 그래요, 그것은 단순한 코메디예요.

[단어장]

penser de : …에 대해 생각하다
Je trouve que + ind : 나는 …(라고)생각하다
particulièrement : 특히, 특별히, 유난히
pas du tout : 전혀
C'était la première fois que + ind : …하는 것이 처음이다
une chanson : 노래, 가요
Moi aussi. : 나도 마찬가지입니다.
trouver qch + 형용사 : …을 …하다고 생각하다
nul(le) : 형편없는, 무가치한
le divertissement : 기분전환, 오락

[대화를 만들어보자]

1. Vous avez vu un concert que vous avez beaucoup aimé. Exprimez votre admiration pour les artistes en variant les tournures.
   당신은 당신이 정말 좋아하는 콘서트를 보았습니다. 표현을 다양하게 하여 아티스트들에 대한 감탄을 이야기해 보세요.

2. Vous avez vu un spectacle qui était, selon vous, mauvais. Faites des critiques en variant les tournures.
   당신은 당신에겐 썩 좋지 않았던 공연을 보았습니다. 표현을 다양하게 사용하여 비판해 보세요.

[더불어 알아두자]

감정 및 선호도 표현

trouver + 명사 + 형용사 : (명사)를 (형용사)하다고 생각하다

- Je trouve le film drôle/génial/pas mal/intéressant/nul/émouvant.
  나는 그 영화가 재미있다고/멋지다고/괜찮다고/흥미롭다고/시시하다고/감동적이라고 생각한다.

일반 표현

- C'est vachement bien/superbe/magnifique/(super/hyper) cool.
  기가 막히게 좋아/훌륭하다/굉장하다/(엄청나게) 쿨하다.
- C'est horrible/terrible/décevant/pénible/dégeulasse/dingue.
  끔직해/무시무시해/실망스러워/괴로워/역겨워/미쳤어.

➲ 찬성·동의 표현

- Tout à fait d'accord. 전적으로 찬성이야.
- Je suis d'accord (avec qn/pour qch) (…의 의견에/…에 대해) 찬성하다.
- Vous avez raison. 당신이 옳습니다.
- Je suis pour. 난 찬성이야.
- Je dis oui. 나는 그렇다고 말한다.
- Bien sûr que oui. 물론 그렇다.
- Je crois(pense) que oui/non. 나는 그렇다고/그렇지 않다고 생각한다.

➲ 반대·이견 표현

- Je ne suis pas d'accord (avec qn/pour qch)
  (…의 의견에/…에 대해) 반대하다.
- Absolument pas. (= Pas du tout.) 절대 아니야.
- Tu as tort. 네가 틀렸어.
- Je suis contre. 나는 반대야.
- Je dis non. 나는 아니라고 말한다.
- Bien sûr que non. 물론 아니다.
- Je crois(pense) que non. 나는 아니라고 생각한다.
- Vous vous êtes trompé. 당신이 틀렸다.
- Je ne suis pas très convaincu. 나는 그다지 크게 확신하지 않습니다.

➲ 기타 표현

- Je ne sais pas du tout. (= Je n'en sais rien.) 나는 전혀 모른다.
- Je n'ai aucune idée. (= Aucune idée.) 전혀 모르겠습니다.
- Je n'en suis pas sûr. 나는 그것을 확신하지 않습니다.
- Qu'importe! 아무래도 좋아!
- Je l'ignore. 나는 그 사실을 몰라.
- Cela va de soi. 당연한 일이다.
- C'est exact. (= Exactement. Effectivement.) 바로 그렇다.
- Apparemment. (= Évidemment.) 당연하지.
- Sans aucune doute. 의심의 여지가 없군요.
- C'est certain. 분명해.
- Pas vraiment./Pas tellement. 꼭 그렇지 않아.

➲ 영화평 관련 표현

- Le film était épouvantable/ennuyeux/mauvais/médiocre/décevant.
  영화는 끔찍했어/지루했어/졸작이었어/시시했어/실망스러웠어.

- Le film était fabuleux/excellent/exceptionnel/intéressant/génial/étonnant/passionnant.
  영화는 엄청났어/훌륭했어/특별했어/흥미롭던데/대단했어/놀랄 정도 였어/흥미진진했어.
- L'histoire était banale, elle n'était pas très intéressante.
  줄거리는 진부해서 그다지 흥미롭지 않던데.
- Le scénario est original. 시나리오가 독창적이야.
- Quel acteur formidable! 엄청 대단한 배우야!
- Cet acteur est surprenant. 이 배우는 놀랄 정도이다.
- Les acteurs ne jouent pas bien. 배우들은 연기를 잘 못한다.
- Je n'ai jamais vu un aussi beau film! 지금껏 이 만큼 아름다운 영화를 본 적이 없었지.
- L'histoire du film se finit bien. (= Le film a une fin heureuse.)
  영화는 해피엔딩으로 끝난다.

➲ 영화 종류

le film d'action 액션영화
le film d'arts martiaux 무술영화
le film de guerre 전쟁영화
le film policier 탐정영화
le film fantastique 판타스틱
le film de science-fiction 공상과학영화
le dessin animé 만화영화
la dramatique TV드라마
le western 서부극
le court métrage 단편
le film d'aventure 탐험영화
le film d'aventure 모험영화
le film de mélodrame 멜로영화
le film comique 코미디영화
le drame 드라마
le film d'horreur 공포영화
le documentaire 다큐멘터리
le thriller 스릴러
le long métrage 장편

2 La fête 파티

✓ Situation 1

Marie : Salut! Je voudrais faire une fête surprise pour les 30 ans de Pierre.
Paul : Ah, c'est chouette. As-tu besoin d'aide?
M : Oui, j'aurais les coordonnées de ses collègues de travail et ses amis du club de plongée.
P : Oui, je peux trouver tout le monde en contactant quelques personnes par internet.
M : C'est super. Je pensais faire la fête chez nous, le samedi 28 août.
P : D'accord, je contacte les gens et je te tiens au courant. J'espère qu'on dansera toute la nuit.
M : Mais, qui est-ce qui va s'occuper de la musique?
P : Demande à Luc d'apporter ses CDs. Il en a beaucoup.
M : Mais pourquoi est-ce que tu ris comme ça?
P : Ça m'étonnerait que tu puisses encore danser!

마리 : 안녕! 내가 삐에르의 30번째 깜짝 생일파티를 해주고 싶은데.
뽈 : 야 멋진데. 도움이 필요하니?
마리 : 응, 나는 그의 직장 동료들과 그의 잠수클럽 친구들의 연락처를 알아야 할 것 같은데.
뽈 : 그래, 내가 인터넷으로 몇몇 사람들과 연락하면서 모두 찾아볼 수 있어.
마리 : 잘 됐다. 파티는 8월 28일 토요일에 우리 집에서 할까 생각하고 있었는데.
뽈 : 알았어. 내가 사람들에게 연락하고 너에게 상황을 알려줄게. 밤새도록 춤추면 좋겠다.
마리 : 하지만 누가 음악을 담당하지?
뽈 : 뤽에게 CD들을 가져오라고 부탁해. 그는 CD를 많이 가지고 있어.
마리 : 그런데 너 왜 그렇게 웃니?
뽈 : 네가 아직도 춤을 출 수 있다는 것이 놀라워!

[단어장]

surpris(e) : 놀란, 당혹한
avoir besoin d'aide : 도움이 필요하다
des coordonnées : 연락처, 신상명세
collègue : 동료, 동직자
une plongée : 잠수 (스쿠버 다이빙)
contacter : 접촉하다, 연락하다
par internet : 인터넷을 통해
tenir au courant à qn : …에게 알려주다
toute la nuit : 밤 내내
s'occuper de + 명사 : (을) 돌보다, (에)전념하다, 관심을 두다
rire : 웃다
s'étonner : 놀라다

✓ Situation 2

Mélina : Je fais une petite fête le week-end prochain. Es-tu libre samedi soir?
Paul : Combien de personnes penses-tu inviter?
M : Au moins 15 personnes.
P : Tu ne fais pas de dîner alors?
M : Il y aura des sandwichs.
P : Ah, c'est super. Veux-tu que je vienne t'aider à tout préparer?
M : C'est gentil mais je sais que tu es très occupé le samedi. Ma sœur fera les courses avec moi et on préparera les sandwichs ensembles.
P : D'accord. On se voit samedi prochain alors. A quelle heure?
M : Tu peux venir vers 19 heures.

메리나 : 나는 다음 주말에 작은 파티를 열꺼야. 너 토요일 밤에 시간이 되니?
뽈 : 몇 명이나 초대할 생각이니?
메리나 : 최소한 15명 정도.
뽈 : 그럼 저녁은 안하는 구나.
메리나 : 샌드위치로 할 예정이야.
뽈 : 아, 좋네. 준비하는 거 도와주러 갔으면 좋겠니?
메리나 : 고맙지만 네가 토요일에 많이 바쁘다는 거 알아. 내 동생이 나와 같이 장보고 함께 샌드위치를 만들 예정이야.
뽈 : 알겠어. 그럼 우리 다음 주 토요일에 보자. 몇 시에 볼까?
메리나 : 저녁 7시 경에 오면 돼.

[단어장]

une fête : 파티, 축제
libre : 자유로운, 구애받지 않는
au moins : 적어도
vouloir que + sub : …하기를 원하다
aider qn à + inf : …가 …하는 것을 돕다
venir + inf : … 하러 오다, 가다
être occupé(e) : 바쁜, 일에 매인
se voir : 서로 만나다

[대화를 만들어보자]

1. Avez-vous déjà eu une grande et bonne surprise? Laquelle?
당신은 이미 성대하고 즐거운 깜짝 파티를 했었나요? 했다면 어떤 것이었나요?

2. Vous travaillez dans une institut. Vous proposez d'organisez une soirée. Les camarades vous répondent positivement. Vous proposez de dîner dans un restaurant. Ils proposent alors d'organiser la soiréer dans une boîte de nuit. Imaginez et jouez le dialogue.
   당신은 학원에서 공부를 합니다. 당신은 파티 하는 것을 제안합니다. 반 친구들은 긍정적인 대답을 합니다. 당신은 식당에서 저녁식사 하는 것을 제안합니다. 그들은(반 친구들은) 나이트클럽에서 파티하는 것을 제안합니다. 상상해보고 역할극을 해보세요.

[더불어 알아두자]

➲ 제안 표현

- Tu as pensé à inviter Pierre? 삐에르를 초대하는 것을 생각해 보았니?
- Je te conseille d'appeler un traiteur. 요리 배달 회사에 전화하라고 조언하겠어.
- Tu ne veux pas que je m'en occupe(m'en charge)?
  너는 내가 그걸 맡는 것을 원하지 않니?
- Si tu veux, je les apporte. 네가 원한다면 내가 그것들을 가져올게.

➲ 찬성에 관한 다른 표현

- Bravo! 좋다!
- C'est pas bête! 나쁘지 않은데!
- C'est pas idiot! 괜찮은데!
- C'est pas mal! 썩 괜찮은데!
- C'est bien pensé! 좋은 생각이야!
- C'est super! 최고다!
- C'est une bonne/excellente idée! 그거 정말 좋은/탁월한 생각이야!

➲ 의견을 물어볼 때

- Quel est votre avis? 당신의 생각은 무엇이십니까?
- Quelle est votre opinion? 당신의 의견은 무엇입니까?
- Qu'est-ce que vous pensez/tu penses de ~? 당신은/너는 …에 대해 어떻게 생각합니까?
- Avez-vous aimé? 당신은 좋았습니까?

3 Tous mes voeux 행복을 빕니다

✓ Situation 1

Sylvie : Bonjour, je te souhaite un très heureux anniversaire.
Pierre : Merci d'y avoir pensé.
S : Ça te fait quel âge alors?
P : 20 ans.
S : Vas-tu le fêter ce soir?
P : Oui, je vais au restaurant avec ma famille.
S : Ta sœur du Canada sera aussi là?
P : Oui, elle est venue pour l'occasion.
S : C'est chouette.
P : Oui.

실비 : 안녕, 생일 축하해.
피에르 : 생각해줘서 고마워.
실비 : 그럼 이제 몇 살이니?
피에르 : 20살.
실비 : 오늘 저녁에 축하 파티할거니?
피에르 : 응, 가족들과 함께 레스토랑에 갈 거야.
실비 : 캐나다에 있는 여동생도 함께?
피에르 : 응, 이번 내 생일을 계기로 왔어.
실비 : 멋지다.
피에르 : 그래.

[단어장]

souhaiter un très heureux anniversaire à qn : …에게 생일을 축하하다
Merci de + inf : …해서 감사합니다
fêter : 축하하다, (을 위한) 축하연을 열다
pour l'occasion : …을 맞이하여, …을 계기로
chouette : 멋진, 근사한

✓ Situation 2

Souji : Bonjour, je te souhaite une très bonne et heureuse année.
Luc : Merci. A toi aussi.
S : As-tu réveillonné hier?
L : Oui, on a fait le réveillon en famille.
S : Ah, c'est bien. A quelle heure es-tu rentré?
L : À 2 heures du matin.
S : Tu dois être fatigué. Je te réveille peut-être?
L : Non, ne t'inquiéte pas. J'étais déjà réveillé. Je dois aller chez ma grand-mère ce midi. Tradition familiale.
S : Et bien, bon appétit alors. Et tu remettras tous mes vœux pour la nouvelle année à ta grand-mère.
L : D'accord, je n'y manquerai pas.

수지 : 안녕, 새해 복 많이 받아. (즐겁고 행복한 한해가 되길바래.)
뤽 : 고마워, 너도 새해 복 많이 받아.
수지 : 어제 송년 축하 파티는 했니?
뤽 : 응, 가족들과 함께 망년회를 했지.
수지 : 아, 잘했네. 언제 들어왔니?
뤽 : 새벽 2시에.
수지 : 피곤하겠구나. 내가 깨웠나보다.
뤽 : 아니야, 걱정 마. 나 이미 깨어 있었어. 오늘 점심에 할머니 댁에 가야하거든. 가족 전통이야.
수지 : 아 그럼, 점심 맛있게 먹어. 그리고 할머니께 새해 복 많이 받으시라고 전해줘.
뤽 : 알았어, 잊지 않고 전해드릴게.

[단어장]

réveillonner : 12월 31일 밤에 송년 축하 파티를 하다
le réveillon : (크리스마스이브 혹은 12월 31일 밤에 먹는) 만찬, 야식, 크리스마스이브 파티, 망년회
en famille : 가족이 모여서, 가족과 함께
réveiller : 잠을 깨우다
Bon appétit. : 맛있게 드세요.
tradition familiale : 가족(가정)의 전통
s'inquiéter : 걱정하다, 불안해 하다
remettre tous mes vœux pour la nouvelle année à qn : …에게 신년의 기원을 전하다
ne manquer pas à qch : …하기를 잊지 않다

[대화를 만들어보자]

1. Vous envoyez vos vœux de prompt rétablissement à un ami qui a été hospitalisé.
   당신은 병원에 입원한 당신의 친구에게 빠른 쾌유를 기원하는 카드를 보냅니다.

2. Vous envoyez une carte de vœux pour la nouvelle année à un ami que vous n'avez plus vu depuis longtemps.
   당신은 오래 전부터 만나지 못한 친구에게 새해 연하장을 보냅니다.

[더불어 알아두자]

➲ 특별한 날을 기원하는 인사법

- Joyeux (Bon) Noël 성탄절 잘 보내세요.
- Bon (Joyeux) anniversaire 생일 축하해.
- Bonne Santé 건강하세요.
- Bonne année 좋은 해가 되시기 바랍니다.
- Je vous souhaite mes meilleurs vœux. (= Meilleurs vœux.) 새해 복 많이 받으세요.
- Tous mes voeux! 행운을 빕니다!
- Bonne fête! 즐거운 파티가 되길!

➲ 음식을 먹거나 마실 때 쓰는 표현

- Bon appétit! 맛있게 먹겠습니다. (맛있게 드세요.)
- À votre/ta santé! 당신의/너의 건강을 위하여!
- À la vôtre!/À la tienne! 당신의/너의 건강을 위하여!

➲ 아픈 사람에게 쓰는 표현

- Soignez-vous bien!/ Soigne-toi bien! 빨리 나으세요!/빨리 나아!

➲ 축하 표현

- Je suis (très) ravi(e)/heureux(se)/content(e)/enchanté(e) d'apprendre que vous allez vous marier.
  당신이 곧 결혼을 하게 된다는 소식을 알게 되어서 기쁩니다/행복합니다/만족스럽습니다/무척 기쁩니다.

- Je vous adresse mes sincères félicitations. 당신에게 진심으로 축하를 드립니다.
- Quel plaisir de savoir que vous allez vous marier!
  당신 결혼 소식을 알고서 어찌나 기쁘던지!
- Je te félicite pour ta réussite du Delf C1. 델프 C1을 통과해서 축하해.
- Je partage votre joie/votre bonheur. 당신의 기쁨/행복을 함께 나눕니다.

➲ 유감 표현

- Je suis (très) désolé(e)/triste/consterné(e) d'apprendre que tu n'as pas réussi ton examen.
  네가 시험에 합격하지 못한 소식을 들어서 (매우) 유감이다/슬프다/놀라움을 금할 수 없다.
- Quelle tristesse de savoir que tu n'as pas réussi ton examen.
  네가 시험에 합격하지 못한 소식을 알고서 어찌나 슬프던지!
- Quel malheur que je n'ai pas réussi mon examen!
  시험에 합격하지 못해 얼마나 불행한지!
- Malheureusement, je n'ai pas réussi mon examen.
  불행히도, 나는 시험에 합격하지 못했다.

4 Au club de sport 스포츠 클럽

✓ Situation 1

Madame : Bonjour. Je voudrais inscrire mon fils dans un club de taekwando. On m'a renseigné le vôtre.
Employé : Oui, c'est un club pour enfants de 5 à 12 ans.
M : Mon fils a 7 ans. Il n'a jamais fait de taekwando.
E : Pas de problème, il y a un cours pour débutant et comme il est jeune, il apprendra vite. Le cours pour débutants se donne 2 fois par semaine, le mardi et le vendredi de 17 heures à 19 heures.
M : Combien ça coûte?
E : Vous pouvez payer par trimestre, semestres ou pour une année complète.
M : Je vais payer pour un trimestre pour commencer.
E : C'est 45 €. L'assurance est comprise.

부인 : 안녕하세요. 제 아들을 태권도 클럽에 가입시키고 싶은데요. 사람들이 당신 클럽을 알려 주더군요
직원 : 네, 이 클럽은 5살부터 12살 아이들을 위한 클럽입니다.
부인 : 제 아들은 7살이에요. 태권도를 전혀 해 본 적이 없습니다.
직원 : 문제없습니다. 초급반이 있고, 아이가 어리기 때문에 빨리 배울 겁니다. 초급반은 일주일에 2번 수업이 있고, 화요일과 금요일 오후 5시부터 저녁 7시까지 입니다.
부인 : 얼마죠?
직원 : 3개월, 6개월 혹은 1년 치 전부를 지불하실 수 있습니다.
부인 : 우선은 3개월만 지불할게요.
직원 : 45유로입니다. 보험이 포함되어 있습니다.

[단어장]

inscrire : 등록하다, 기입하다
renseigner : (…에 관하여) (에게) 정보를 제공하다, 가르쳐주다
le vôtre : 당신(들)의 것, 너희들의 것
un cours pour débutant : 초보자를 위한 수업
comme + ind : …이므로, …이니까
apprendre : 배우다
se donner : 헌신하다, 전념하다, 주어지다
par semaine : 일주일에, (단위) …마다
par trimestre : 3개월 마다
un semestre : 6개월, 반년, (연 2학기제의)학기
pour commencer : 우선, 먼저
une assurance : 보험
compris(e) : 포함된

✓ Situation 2

Professeur : Madame, tendez les bras, relâchez!
Madame : Comme ça, c'est bon?
P : Oui comme ça, c'est parfait. Recommencez le mouvement 20 fois et puis faites la même chose avec l'autre bras.
M : Les poids ne sont pas un peu trop lourds? C'est très dur.
P : Si les poids sont trop lourds, vous pouvez réduire. C'est la première fois que vous venez, ne vous faites pas mal.
M : Ah, c'est mieux comme ça, merci.
P : Quand vous aurez terminé, faites-moi signe, on passera à l'exercice suivant.
M : D'accord, merci.

트레이너 : 팔을 당기시고, 피세요!
부인 : 이렇게요, 괜찮아요?
트레이터: 네, 그렇게요, 완벽해요. 다시 그 동작을 20번 한 후에 같은 동작을 다른 팔로도 하세요.
부인 : 중량이 조금 무겁지 않은가요? 너무 힘드네요.
트레이터 : 너무 무겁다면 무게를 좀 줄이셔도 됩니다. 처음 오신 거니까 너무 아프게 하지는 마세요.
부인 : 아, 이게 더 나아요, 감사합니다.
트레이너 : 끝나시면 제게 알려주세요, 다음 운동으로 넘어갈 겁니다.
부인 : 알겠습니다, 감사합니다.

[단어장]

tendre : 당기다, (근육을) 긴장시키다
un bras : 팔
relâcher : 늦추다, 느슨하게 하다, 완화하다, (근육 따위를)이완시키다
le mouvement : 움직임, 운동
le poids : 무게, 중량, 체중, 체급
dur(e) : 단단한, 어려운, 힘드는
réduire : 줄이다, 깎다, 내리다
faire mal à qn : (…에게)고통을 주다, 아프게 하다
mieux : 더 잘, 더 많이
faire signe à qn : …에게 기별하다
passer à l'exercice suivant : 다음 훈련으로 넘어가다

[대화를 만들어보자]

1. Expliquez un mouvement de gymnastique à un groupe de personne. Imaginez et jouez le dialogue.
   체조 동작을 그룹에게 설명해 보세요. 상상해보고 역할극을 해보세요.

2. Vous jouez avec un enfant. Expliquez-lui ce qu'il doit faire. Imaginez et jouez le dialogue.
   당신은 아이와 함께 놀고 있습니다. 그 아이에게 어떻게 해야 하는지 설명해주세요. 상상해보고 역할극을 해보세요.

[더불어 알아두자]

⊃ 체조 관련 표현

- s'allonger 눕다 ≠ se lever 일어나다
- tendre le bras 팔을 당기다 ≠ relâcher 풀다
- plier le bras 팔을 구부리다 ≠ allonger le bras 팔을 펴다
- lever la jambe 발을 들다 ≠ baisser la jambe 발을 내리다
- inspirer 숨을 들이쉬다 ≠ souffler 숨을 내쉬다
- faire de la gym 체조를 하다
- faire de la musculation 보디빌딩을 하다
- faire des abdominaux 복부 근육 운동을 하다
- avoir des courbatures 관절의 통증이 있다, 근육통이 있다

5 Au téléphone 전화상에서

✓ Situation 1

Madame Lee : Bonjour, je voudrais parler à M. Touratier, s'il vous plaît.
Secrétaire : Je n'ai pas bien entendu. Qui demandez-vous?
L : M. Touratier, s'il vous plaît.
S : Ah oui. C'est de la part de qui?
L : Madame Lee souyun.
S : Ne quittez pas. Je vais voir s'il est dans son bureau. Je suis désolée, madame. Il ne répond pas. Voulez-vous lui laisser un message.
L : Non merci, je le rappellerai plus tard. Oh, finalement, je préfère lui laisser un message. Est-ce que vous pourriez lui demander de me rappeler sur mon portable ce soir avant 7 heures?
S : D'accord. Il a vos coordonnées?
L : Oui, il connaît mon numéro de téléphone.

이부인 : 안녕하세요, 뚜라띠에씨와 통화하고 싶습니다.
비서 : 잘 듣지 못했습니다. 누구를 말씀하시는 거죠?
이부인 : 뚜라띠에씨 부탁드립니다.
비서 : 아 네. 누구라고 알려드릴까요?
이부인 : 이수연이라고 말씀해 주세요.
비서 : 기다리세요. 그가 사무실에 계시는지 보겠습니다. 죄송합니다. 전화를 받지 않으시네요. 남기실 말씀 있으세요?
이부인 : 아니에요, 고맙습니다. 제가 나중에 다시 전화하죠. 아, 잠시만요, 그에게 메시지를 남기는 것이 좋겠네요. 제 핸드폰으로 오늘 저녁 7시 전에 전화해줄 수 있는지 그에게 여쭤봐 주시겠어요?
비서 : 알겠습니다. 그가 당신의 번호를 알고 있나요?
이부인 : 네. 그가 제 전화번호를 알고 있습니다.

[단어장]

Je voudrais parler à qn : …와 통화하고 싶습니다
entendre : 듣다, 들리다
C'est de la part de qui? (qui dois-je annoncer?) : 누구세요?
Ne quittez pas. : 잠시만 기다리세요.
répondre : 대답하다
laisser un message à qn : …에게 메시지를 남기다
rappeler qn : …에게 다시 전화하다

plus tard : 나중에
finalement : 마침내, 결국
demander à qn de + inf : …에게 …을 해 달라고 요구하다, 부탁하다.
sur mon portable : 내 휴대전화로
des coordonnées : 연락처, 신상명세

✓ Situation 2

Madame Perrot : Oui, allô?
Vincent : Bonjour, madame, est-ce que je peux parler à Sylvie, s'il vous plaît?
P : Ah, je suis désolée, elle n'est pas là. Je peux prendre un message?
V : Oui, je suis Vincent, un copain de fac. Est-ce qu'elle peut me rappeler sur mon portable?
P : Elle connaît ton numéro?
V : Oui.
P : D'accord, je lui dirai.
V : Merci, madame, au revoir!
P : Au revoir!

삐로 부인 : 네, 여보세요?
벵상 : 안녕하세요, 실비와 통화할 수 있을까요?
삐로 부인 : 아, 미안하지만 그 애가 지금 없는데, 메시지를 남기겠니?
벵상 : 네, 저는 벵상이라고 하는데, 대학교 친구입니다. 실비가 제 핸드폰으로 전화할 수 있을까요?
삐로 부인: 그 애가 네 번호를 알고 있니?
벵상 : 네.
삐로 부인 : 알았다. 그렇게 전하마.
벵상 : 감사합니다, 부인, 안녕히 계세요!
삐로 부인 : 잘 있어라!

[단어장]

allô : 여보세요
désolé(e) : 유감스러운, 애석한
un message : 메세지
copain : 남자친구
fac =faculté : 단과대학
rappeler qn : …에게 다시 전화하다
le portable : 핸드폰
connaître : 알다

[대화를 만들어보자]

1. Vous venez d'arriver à Paris. Voulez voulez téléphoner en Corée mais vous ne savez pas comment faire. Vous demandez à un(e) français(e) et il(elle) vous explique la démarche à suivre. Imaginez et jouez le dialogue.
   당신은 파리에 방금 도착했습니다. 당신은 한국에 전화를 하고 싶지만 어떻게 해야 하는지 모릅니다. 당신은 프랑스인에게 묻습니다. 그(녀)는 당신에게 설명합니다. 상상해 보고 역할극을 해보세요.

2. Vous téléphonez à une entreprise. Vous demandez de parler à Mme Benveniste. La standardiste vous demande d'épeler le nom. Vous le faites. Elle vous demande d'attendre, puis vous dit que le poste est occupé. Elle demande si vous voulez laisser un message. Vous acceptez, vous laissez un message et vos coordonnées. Imaginez et jouez le dialogue.
   당신은 회사에 전화를 합니다. 당신은 뱅브니스트 부인과 통화하고 싶어 합니다. 전화교환수는 당신 이름의 철자를 묻습니다. 당신은 철자를 불러줍니다. 그녀는 당신에게 기다리라고 말하고 그가 통화중이라고 말합니다. 그녀가 당신에게 메시지를 남기고 싶은지 묻습니다. 당신은 메시지와 당신의 전화번호를 남깁니다. 상상해보고 역할극을 해보세요.

[더불어 알아두자]

➲ …와 통화하고자 할 때

- Allô, M. Touratier, s'il vous plaît? 여보세요, 뚜라띠에 부탁드립니다.
- Allô, est-ce que je pourrais parler à M. Touratier?
  여보세요, 뚜라띠에씨와 통화할 수 있나요?
- Je voudrais parler à M. Touratier? 뚜라띠에씨 좀 바꿔 주십시오.
- Est-ce que Pierre est là?/Pierre est-il là? 삐에르 있습니까?
- Allô, vous êtes Mme Kim? 여보세요, 당신은 김부인인가요?

➲ 상대방의 신원을 확인하고자 할 때

- Allô, c'est de la part de qui? 여보세요? 누구세요?
- Qui est à l'appareil? 누구세요?

➲ 다른 사람을 바꿔줄 때

- Oui, ne quittez pas, je vous le(la) passe. 네, 기다리세요, 바꿔드리겠습니다.
- Un instant! 잠시만요!
- Attendez un instant/une minute! 잠시만 기다리세요.

➲ 전화내용을 이해 못했거나 잘 안 들릴 때

- Pardon, je n'ai pas compris. 실례합니다, 제가 잘 이해하지 못했습니다.
- Qu'est-ce que vous avez dit? (=Qu'avez-vous dit?) 뭐라고 말씀하셨죠?
- Pardon, comment? 죄송합니다, 뭐라고요?
- La ligne est mauvaise. 전화상태가 나쁘군요.
- Raccrochez, s'il vous plaît. On vous rappellera. 끊으세요. 다시 전화 드리겠습니다.
- Vous pouvez répéter, s'il vous plaît? 다시 한 번 말씀해 주시겠어요?
- Pouvez/Pourriez-vous parler moins vite? 조금 천천히 말씀해 주시겠어요?
- Pouvez/Pourriez-vous parler plus fort? 조금 더 크게 말씀해 주시겠어요?
- Parlez plus fort, s'il vous plaît! 좀 더 크게 말씀해 주십시오.
- Je ne vous entends pas bien. 잘 안 들립니다.

➲ 메시지를 남기거나 제안하고자 할 때

- Vous voulez lui laisser un message? 그에게 메시지를 남기고 싶으세요?
- Puis-je lui transmettre un message? 그에게 메시지를 전해 드릴까요?
- Puis-je laisser un message? 메모를 남겨도 될까요?
- Demandez-lui de me rappeler. 저에게 전화 좀 해달라고 그에게 전해주세요.
- Dites-lui que + ind 그에게 …라고 말해주세요.
- Pourriez-vous lui dire que + ind? 그에게 …라고 말해주실 수 있나요?

➲ 기타 표현

- La ligne est occupée. 통화중이다.
- La ligne est coupée. 전화가 끊어졌다.
- La ligne est en dérangement. (=Nous sommes plusieurs sur la ligne.) 전화가 혼선이다.
- Ça ne marche pas. (=Ça ne fonctionne pas.) 고장이다.
- Ça sonne. 전화벨이 울린다. 신호가 간다.
- J'écoute. (=Je vous écoute.) 네, 말씀하세요(네, 듣고 있습니다).
- C'est une erreur. Excusez-moi. 잘못 걸었습니다. 죄송합니다.
- Je vous appellerai de mon portable. 제 핸드폰으로 전화를 드리겠습니다.
- Je te rappelle tout à l'heure sur ton portable.
  나중에 네 핸드폰으로 다시 전화할게.

➲ 전화 관련 단어

l'annuaire téléphonique 전화번호부
composer un numéro 번호를 누르다
l'écouteur 수화기 = le combiné
le numéro local 시내번호
le récepteur 수화기
le tarif réduit 할인 요금
le cadran 다이얼
décrocher 수화기를 들다
la ligne 전화선
raccrocher 수화기를 내려놓다
la sonnerie 전화벨
le tarif 요금

➲ 자동응답기 및 기타 표현

* Vous avez un message sur le répondeur. 자동응답기에 한통의 메시지가 있다.
* Un appel a été enregisté à 10 heures. 10시에 한 통의 전화가 입력되었다.
* Sur votre ligne, aucune numéro de correspondant n'est enregistré.
  당신의 전화에는 어떤 전화번호도 입력되어 있지 않다.
* Aucun message reçu. 수신된 메시지가 전혀 없다.
* Vous êtes sur le répondeur de Nicolas.
  당신은 현재 니콜라의 자동응답기에 연결되어 있습니다.
* Vous êtes sur le messagerie de n° 06 88 10 53 39.
  당신은 06 88 10 53 39번의 음성사서함에 연결되어 있습니다.

6 Bonnes et mauvaises nouvelles 좋은 소식과 나쁜소식

✓ Situation 1

Fabienne : Bonjour. Je t'appelle pour t'annoncer que Gilles m'a demandée en mariage.
Vincent : Quelle bonne nouvelle! Quand vous marierez-vous?
F : On n'a pas encore fixé la date précise mais ce sera au printemps prochain.
V : Tu me tiens au courant?
F : Evidemment. Je voulais te demander si tu voulais bien être mon témoin.
V : Bien sûr, avec plaisir.
F : Merci.
V : Y a-t-il quelque chose de spécial à faire?
F : Si tu veux, tu peux préparer un discours, mais il n'y a aucune obligation.
V : Je ferai ça et le lirai pendant le repas.

파비엔느 : 안녕, 질이 나에게 청혼했다는 것을 알리기 위해 너에게 전화하는 거야.
뱅상 : 너무 좋은 소식이다! 언제 결혼할 거니?
파비엔느 : 아직 정확한 날짜는 정하지 않았지만 내년 봄에 할 것 같아.
뱅상 : 나에게 알려줄 거지?
파비엔느 : 그럼. 나는 네가 내 증인이 되어줄 수 있는지 물어보고 싶었어.
뱅상 : 물론, 기꺼이.
파비엔느 : 고마워.
뱅상 : 특별히 해야 할 것이 있니?
파비엔느 : 네가 원한다면 연설을 준비할 수도 있지만 전혀 의무사항은 아니야.
뱅상 : 연설을 준비해서 식사하는 동안 그것을 읽을게.

[단어장]

annoncer : 알리다, 기별하다
demander à qn en mariage : …에게 청혼하다
Quelle bonne nouvelle! : 너무 좋은 소식이다!
se marier : 결혼하다, 결혼식을 하다
fixer : 정하다, 결정하다
précis(e) : 명확한, 분명한, 틀림없는

tenir au courant à qn : …에게 알려주다
un témoin : 증인
quelque chose de spécial : 특별한 무언가
un discours : 연설, 강연
une obligation : 의무, 책무, 필요
le repas : 식사, 식사시간

✓ Situation 2

A : Bonjour. Je dois t'annoncer une triste nouvelle : mon père est décédé cette nuit.
B : Ah bon! Que s'est-il passé?
A : Il a eu un accident de voiture et il est mort sur le coup.
B : Je suis vraiment désolé.
A : C'est tellement soudain!
B : Sincères condoléances. Comment va ta maman?
A : Elle est sous le choc, mais je pense que ça va aller.
B : Si je peux faire quoi que ce soit pour vous, n'hésite pas à me le demander.
A : D'accord, merci.
B : Je te téléphone dans quelques jours pour prendre de tes nouvelles, d'accord?
A : Oui, merci.

A : 안녕, 너에게 슬픈 소식을 알려야해 : 나의 아버지께서 오늘 밤에 돌아가셨어.
B : 아, 그래! 무슨 일이 있었니?
A : 교통사고가 나서 그 자리에서 돌아가셨어.
B : 너무 가슴이 아프다.
A : 정말 너무 갑작스러워!
B : 애도의 뜻을 전할께. 어머니는 어떠시니?
A : 충격을 받으신 상태이지만 괜찮아지실 거야.
B : 내가 너를 위해 무엇이건 할 수 있으니 나에게 부탁하는 것을 망설이지 마.
A : 알았어, 고마워.
B : 내가 며칠 후에 너의 근황을 듣기 위해 전화할게, 알겠지?
A : 응, 고마워.

[단어장]

triste : 슬픈
une nouvelle : 소식
décéder : 죽다, 사망하다
Que s'est-il passé? : 무슨 일이 일어났나요?
un accident de voiture : 자동차 사고
mourir : 죽다
sur le coup : 즉시로, 그 자리에서
soudain : 갑작스러운, 뜻하지 않은
Sincères condoléances : 근조(謹弔)
être sous le choc : 충격을 받은 상태이다
quoi que ce soit : 무엇이건
hésiter à+inf : …하기를 망설이다, 주저하다
prendre des nouvelles : 소식을 듣다

[대화를 만들어보자]

1. Votre ami(e) a raté un examen. Vous le(la) consolez de son échec et vous l'encouragez à continuer. Imaginez et jouez le dialogue.
   당신의 친구가 시험에 떨어졌습니다. 당신은 그(그녀)의 실패를 위로하고 계속 할 수 있다고 용기를 줍니다. 상상해보고 역할극을 해보세요.

2. Vous téléphonez à votre meilleur ami pour lui annoncer que vous venez d'être licencié. Imaginez et jouez le dialogue.
   당신은 당신이 학사학위를 땄다는 것을 당신의 가장 친한 친구에게 알리기 위해 전화를 합니다. 상상해보고 역할극을 해보세요.

[더불어 알아두자]

⊃ 알림·공지 표현

➾ informer qn de + 명사/que + ind

- Nous vous informons de la fermeture du magasin.
  여러분께 저희 상점의 폐장을 알려드립니다.

➾ annoncer à qn +명사/que + ind

- Je vous annonce que je serai absent(e) demain.
  나는 내일 결석하게 된다는 사실을 당신께 알립니다.

➾ Il paraît que + ind …라고들 한다

- Il paraît que le vin sera excellent cette année. 올해는 포도가 잘 익은 것 같다라고 한다.

➾ On dit que + ind … 라고 말하다(신중한 표현)

- On dit que la BU serait fermée. 도서관 문을 열지 않을 거라고 한다.

⊃ 기타 표현

- Vous savez que ~/Tu sais que ~? 당신은 …을 아십니까?/너는 …를 아니?
- Vous connaissez la nouvelle? 당신은 그 소식을 아세요?
- Vous ne savez pas?/Tu ne sais pas? 모르셨어요?/몰랐니?
- J'ai une bonne nouvelle à vous annoncer. 제게 당신에게 알릴 좋은 소식이 있습니다.
- À la télévision (Dans le journal), on dit que ~. 텔레비전에서(신문에서) …라고 말하다.
- À la radio, ils ont annoncé que ~. 라디오에서 …라고 발표했다.

III. 문법정리

✓ 명사

- 모든 명사는 남성과 여성으로 구분된다.
- 사람과 동물을 나타내는 보통명사는 자연성에 따른다.
- 무생물명사나 추상명사도 각각 성을 갖는다.

남성	여성
père 아버지	mère 어머니
frère 남자 형제	soeur 여자 형제
coq 수탉	poule 암탉
livre 책	table 탁자
courage 용기	chance 행운

[1] 명사의 여성형 만들기

1) 원칙적으로 남성형 명사의 어미에 -e를 붙인다.

남성	여성
ami 남자 친구	amie
cousin 남자 사촌	cousine
étudiant 남학생	étudiante
français 프랑스 남자	française
chinois 중국 남자	chinoise
anglais 영국 남자	anglaise

2) 남성형 명사 어미가 -e로 끝난 것은 그대로 남성과 여성에 공통으로 쓴다.

남성	여성
artiste 예술가	artiste
secrétaire 비서	secrétaire
camarade 학급 친구	camarade

3) 주의해야 할 여성형 어미변화

	남성	여성
-er → -ère	étranger 남자 외국인	étrangère

	boulanger 남자 빵집 주인	boulangère
-n → -nne -t → -tte	chien 수캐 chat 고양이	chienne chatte
-eur → -euse -trice	chanteur 남자 가수 danseur 남자 무용수 acteur 남자 배우	chanteuse danseuse actrice

[2] 명사의 복수형 만들기

1) 원칙적으로 단수에 -s를 붙인다.

단수	복수
garçon 소년 fille 소녀 gomme 지우개 crayon 연필	garçons filles gommes crayons

2) 주의해야 할 복수형 어미변화

단수 → 복수	단수	복수
-s, -x, -z → 그대로	bois 나무 nez 코 fils 아들	bois nez fils
-al, -ail → -aux	animal 동물 journal 신문 travail 일	animaux journaux travaux
-eau, eu → -x 붙임	chapeau 모자 manteau 외투 gâteau 케익 cheveu 머리카락	chapeaux manteaux gâteaux cheveux

✓ 관사

- 명사가 문장에서 사용되면 관사가 사용된다. 이 관사는 명사의 성과 수에 일치시키며 명사 앞에 붙인다.
- 관사는 부정관사, 정관사, 부분관사의 3종류로 나뉜다.

	남성 단수	여성 단수	남성/여성 복수
부정관사	un	une	des
정관사	le (l')	la (l')	les
부분관사	du (de l')	de la (de l')	des

[1] 부정관사 : 수를 셀 수 있는 명사 앞에서 "하나의" 또는 막연한 의미의 "어떤"이라는 의미로 사용된다.

- Voici un garçon. 여기에 한 소년이 있다./Voici des garçons. 여기에 소년들이 있다.
- Voici une table. 여기에 책상이 하나 있다./Voici des tables. 여기에 책상들이 있다.

[2] 정관사 : 셀 수 있는 명사 또는 셀 수 없는 명사 앞에서 앞에서 언급한 명사, 한정된 명사 또는 수식하는 명사 전체를 가리키는 총체의 뜻으로 쓰인다.

- Voici un garçon et une femme. Le garçon est étudiant et la femme est professeur.
  여기에 한 소년과 한 부인이 있다. 그 소년은 학생이고 그 부인은 선생님이다.
- Voici une table. C'est la table de Paul.
  여기에 책상이 하나 있다. 그것은 뽈의 책상이다.
- J'aime le café.
  나는 커피를 좋아한다.

[3] 부분관사 : 수를 셀 수 없고 양으로만 나타내야 하는 명사와 추상적인 명사 앞에서 '약간의', '얼마간의'의 의미로 쓴다.

- J'ai du vin. 나는 포도주가 있다.
- J'ai de la viande. 나는 고기가 있다.
- J'ai des fruits. 나는 과일들이 있다.
- J'ai de la chance. 나는 운이 좋다.
- J'ai du courage. 나는 용기가 있다.

[4] 정관사의 축약 : 정관사는 전치사 **à** 또는 **de**와 함께 다음과 같이 축약된다.

à +	le	au (à l')	Je parle au garçon. 나는 소년에게 말한다. Je donne un bonbon à l'enfant. 나는 아이에게 사탕을 준다.
	la	à la (à l')	Elle va à la gare. 그녀는 역에 간다. Elle va à l'école. 그녀는 학교에 간다.
	les	aux	Il va aux Etats-Unis. 그는 미국에 간다.
de +	le	du (de l')	le livre du professeur 선생님의 책 le livre de l'oncle 아저씨의 책
	la	de la (de l')	la porte de la maison 집의 문 la porte de l'église 교회의 문
	les	des	le stylo des étudiants 학생들의 만년필

✓ 주어인칭대명사/강세인칭대명사

[1] 주어인칭대명사 : 주어인칭대명사는 사람, 동물, 사물을 받아 동사의 주어 역할을 하며, 각 인칭에 따라 다음과 같은 형태를 갖는다.

주어대명사 단수	주어대명사 복수	
je 나는	nous 우리는	je는 모음이나 무음 h로 시작하는 동사를 만날 경우 j'로 축약된다. 예) J'aime/J'habite 3인칭단수 il/elle, 복수 ils/elles은 사람, 동물, 사물을 대신한다.
tu 너는	vous 당신(들)은	
il/elle 그(녀)는	ils/elles 그(녀)들은	

[2] 강세인칭대명사

주어인칭대명사	je	tu	il	elle	nous	vous	ils	elles
강세인칭대명사	moi	toi	lui	elle	nous	vous	eux	elles

1) 다른 인칭대명사를 강조한다.

- Elle, elle parle bien français. 그녀는 프랑스어를 잘 한다.

2) 속사로 쓰인다. (항상 ce + être와 함께)

- C'est toi, Marie? Oui, c'est moi. 마리, 너니? 네, 나예요.
- Mon meilleur ami, c'est toi. 나의 가장 친한 친구는 바로 너다.

3) 대답에 단독으로 사용한다.

- Qui aime le café? Lui. 누가 커피를 좋아합니까? 그예요.

4) 전치사 뒤에서 사용한다. (chez, pour, de, à…)

- Nous allons chez lui. 우리는 그의 집에 간다.

5) 비교급의 que 뒤에서 사용된다.

- Elle est plus belle que moi. 그녀는 나보다 더 예쁘다.

✓ 의문문 만들기

[1] 서술문 **+?** (억양상승)

- Vous êtes parisien? ↗ 당시은 빠리지엥(빠리 사람) 입니까?
- Il parle français? ↗ 그는 프랑스어를 할 줄 압니까?

[2] 서술문 **+, n'est-ce pas?**

- Vous êtes parisien, n'est-ce pas? 당신은 빠리지엥이지요, 그렇지요?
- Il parle français, n'est-ce pas? 그는 프랑스어를 할 줄 알지요, 그렇지요?

[3] Est-ce que + 서술문

- Est-ce que vous êtes parisien?
- Est-ce qu'il parle français?

[4] 주어와 동사를 도치시키는 경우

1) 주어가 대명사인 경우 : 동사 + 주어?

- Habitez-vous à Paris? 당신은 빠리에 삽니까?
- Aime-t-elle la musique? 그녀는 음악을 좋아합니까?

2) 주어가 명사인 경우 : 주어 + 동사-(il, elle, ils, elles)?

- Marie va-t-elle au cinéma? 마리는 영화관에 갑니까?
- Les étudiants aiment-ils voyager? 학생들은 여행을 좋아합니까?

✓ 부정문 만들기

[1] ne + 동사 + pas

- Je ne suis pas professeur. 나는 선생님이 아니다.
- Nous ne parlons pas chinois. 우리는 중국어를 할 줄 모른다.

[2] ne ~ pas 외에 다음과 같은 부정형들이 있다.

➾ ne ~ guère (거의 …아니다) ne ~ jamais (결코 …아니다)
➾ ne ~ plus (더 이상 …아니다) ne ~ que (밖에 …아니다)
➾ ne ~ pas encore (아직 …아니다) ne ~ ni ~ ni (…도 …도 아니다)

cf) ne ~ que 형태는 부정이나 의미는 제한된 긍정이다.

- Je n'ai qu'un livre. 나는 책이 한 권 뿐이다.

[3] 부정의 de

부정문에서 동사의 직접보어 앞에 붙는 부정관사나 부분관사는 de가 된다.

관사	긍정문	부정문
부정관사	J'ai une fleur. 나는 꽃 한 송이를 가지고 있다.	Je n'ai pas de fleur.
부분관사	J'ai du pain. 나는 빵이 있다.	Je n'ai pas de pain.

➾ ne ~ que는 의미상으로 부정의 뜻보다는 긍정의 뜻이므로 부정관사나 부분관사는 de로 되지 않는다.

- Il ne boit que du lait. 그는 우유밖에 마시지 않는다.

➾ ne ~ ni ~ ni 에서 de는 생략된다.

- Je n'ai ni frère ni soeur. 나는 남자 형제도 여자 형제도 없다.

✐ 형용사

• 형용사는 명사를 수식한다. 따라서 수식을 받는 명사의 성과 수에 일치하여 형용사에도 남성 단수·복수, 여성 단수·복수가 있다.

[1] 형용사의 여성형 만들기

사전에 실려 있는 형용사는 남성형이다. 형용사의 여성형을 만드는 법은 대체적으로 명사의 경우와 비슷하다.

1) 일반법칙

	남성단수	여성단수
남성단수의 어미에 -e를 붙인다.	petit 작은 joli 귀여운 vert 초록색의	petite jolie verte
남성단수의 어미가 -e일 경우 그대로 여성형이 된다.	aimable 사랑스러운 sociable 사교적인 libre 자유로운	aimable sociable libre

2) 변칙

	남성단수	여성단수	예외
어미가 c인 경우-que, -che로 된다.	public 공공의 blanc 흰색의	publique blanche	
어미가 -f인 경우 -ve로 된다.	actif 활발한 neuf 새로운	active neuve	
어미가 -g인 경우 -gue로 된다.	long 기다란 oblong 기다란	longue oblongue	
어미가 -l인 경우 -le나 -lle로, 어미가 n인 경우 -ne나 -nne로 된다.	amical 다정한 gentil 친절한 fin 가느다란 bon 좋은 coréen 한국의	amicale gentille fine bonne coéenne	
어미가 -er인 경우 -ère로 된다.	premier 첫번째의 étranger 외국의	première étrangère	

어미가 -eur인경우 -euse로 된다.	menteur 거짓의 vengeur 복수하는	menteuse vengeuse	
어미가 -s인경우 -sse로 된다.	bas 낮은 gros 굵은 épais 두터운	basse grosse épaisse	gris-grise 회색의
어미가 -et인경우 -ette나 ète로 된다.	muet 벙어리의 net 깨끗한 complet 완전한 secret 비밀의	muette nette complète secrète	prêt-prête 준비된
어미가 -x인 경우 -se로 된다.	heureux 행복한 fameux 유명한 jaloux 질투하는	heureuse fameuse jalouse	doux-douce 부드러운 roux-rousse 다갈색의

2) 주의해야 할 여성형 변화형 : 다음의 5개 형용사는 모음 또는 무음 h로 시작하는 남성명사 앞에서 수식할 경우 남성 제2형을 가지며, 여성형은 제2형에서 만든다.

남성 제1형	남성 제 2형	여성형
beau 잘생긴 nouveau 새로운 fou 미친 mou 말랑거리는 vieux 늙은	bel nouvel fol mol vieil	belle nouvelle folle molle vieille

- un beau garçon 잘생긴 소년, un bel enfant 잘생긴 아이, une belle fille 예쁜 소녀

[2] 형용사의 복수형 만들기

1) 남성형용사 복수형 : 남성형용사의 복수형 만드는 방법은 명사의 복수형 만드는 법과 거의 같다.

	단수	복수	예외
단수 어미에 -s를 붙인다.	grand 큰 adorable 사랑스러운 blanc 흰색의	grands adorables blancs	
단수 어미가 -s, -x로 끝나는 것은 그대로 둔다.	gris 회색의 doux 부드러운 vieux 늙은	gris doux vieux	

단수 어미가 -eau, -al인 경우 -eaux, -aux로 된다.	beau 멋진 nouveau 새로운 amical 다정한	beaux nouveaux amicaux	fatal-fatals 치명적인 final-finals 마지막의
단수 어미가 -eu 인 경우 -s를 붙인다.	bleu 파란색의	bleus	

2) 여성형용사 복수형

	단수	복수
여성형용사는 예외 없이 모두 어미에 -s를 붙인다.	grande facile longue belle	grandes faciles longues belles

✓ 소유형용사

• 명사 앞에 놓여 그 명사의 소유관계를 나타내는 형용사이며, 명사의 성과 수에 따라 변화한다.

[1] 형태

	남성단수	여성단수	복수
je	mon	ma	mes
tu	ton	ta	tes
il/elle	son	sa	ses
nous	notre	notre	nos
vous	votre	votre	vos
ils/elles	leur	leur	leurs

✓모음이나 무음 h로 시작하는 여성명사 앞에서는 모음 중복을 피하기 위해 ma, ta, sa대신 mon, ton, son을 쓴다.
ma → mon amie 내 여자친구, ta → ton école 너의 학교, sa→ son histoire 그(녀)의 이야기

[2] 사용법 : 수식하는 명사의 성과 수에 따라 소유관계를 나타낸다.

- mon livre 나의 책
- ton cahier 너의 공책
- sa mère 그(녀)의 어머니
- notre gomme 우리의 지우개
- leur voiture 그(녀)들의 자동차

✓ 지시형용사

• 지시된 사람이나 사물을 가리키는 형용사로서, 수식하는 명사의 성과 수에 일치시킨다.

[1] 형태

남성단수	여성단수	남, 여 복수
ce/cet	cette	ces

[2] 사용법

1) cet는 모음이나 무음 h로 시작하는 남성 단수명사를 수식한다.

- cet arbre 이 나무, cet homme 이 남자, cet ordinateur 이 컴퓨터

2) 함께 쓰인 명사 뒤에 ci나 là로 연결하면서 공간적 혹은 시간적인 원근(ci는 현재, là는 과거)을 나타낸다.

- cette table-ci 이 책상, cette tble-là 저 책상
- ces jours-ci 요즘, ces jours-là 그 당시

그러나 ci를 생략하는 경우도 있다.

- cette année 금년, cette année-là 그 해
- ce matin 오늘 아침, ce matin-là 그 날 아침

✓ 동사의 직설법 현재형

• 프랑스어 동사는 어미변화의 관점에서 세 그룹으로 나뉜다.

[1] 1군 규칙동사 : 동사어미가 -er로 끝나는 동사 중 aller, envoyer등을 제외한 나머지 동사로 규칙적인 어미변화를 한다.

je	-e	nous	-ons
tu	-es	vous	-ez
il/elle	-e	ils/elles	-ent

✓ 위의 변화 어미들 중 1, 2, 3 인칭 단수어미 -e, -es, -e 그리고 3인칭 복수어미 -ent는 발음하지 않는다.

	donner (주다)	écouter (듣다)	habiter (거주하다)	travailler (일하다)
je(j')	donne	j'écoute	j'habite	travaille
tu	donnes	écoutes	habites	travailes
il/elle	donne	écoute	habite	travaille
nous	donnons	écoutons	habitons	travaillons
vous	donnez	écoutez	habitez	travaillez
ils/elles	donnent	écoutent	habitent	travaillent

[2] 2군 규칙동사 : 동사어미가 **-ir**로 끝나는 동사들 중에서 규칙적으로 변화하는 동사를 **2군** 규칙동사라 한다.

je	-is	nous	-issons
tu	-is	vous	-issez
il/elle	-it	ils/elles	-issent

	finir (끝내다)	choisir (선택하다)	réfléchir (숙고하다)	bâtir (짓다)
je(j')	finis	choisis	réfléchis	bâtis
tu	finis	choisis	réfléchis	bâtis
il/elle	finit	choisit	réfléchit	bâtit
nous	finissons	choisissons	réfléchissons	bâtissons
vous	finissez	choisissez	réfléchissez	bâtissez
ils/elles	finissent	choisissent	réfléchissent	bâtissent

✓복수에서는 각 인칭의 어미 앞에 -iss를 붙이며, 3인칭 복수의 어미 -ent는 무음이다.

[3] 불규칙 동사 : 동사어미의 변화가 불규칙하며 또한 어간 역시 원형과 달라지는 예가 많다. 따라서 따로 암기해야 한다.

1) ouvrir(열다)형 : 원형의 어미는 ir이지만 변화는 1군 동사와 같다.
ouvre, ouvres, ouvre, ouvrons, ouvrez, ouvrent
동일변화 동사 : couvrir(덮다), découvrir(발견하다)

2) 어미가 -s, -s, -t, -ons, -es, -ent로 되는 동사들

- partir(떠나다)형 : pars, pars, part, partons, partez, partent

동일변화 동사 : sortir(나가다), servir(봉사하다)

- écrire(쓰다)형 : écris, écris, écrit, écrivons, écrivez, écrivent
  동일변화 동사 : conduire(인도하다), produire(생산하다)
- venir(오다)형 : viens, viens, vient, venons, venez, viennent
  동일변화 동사 : tenir(잡다), devenir(…이 되다)
- devoir(…해야만 한다)형 : dois, dois, doit, devons, devez, doivent
  동일변화 동사 : recevoir(받다)
- voir(보다)형 : vois, vois, voit, voyons, voyez, voient
  동일변화 동사 : croire(믿다)

3) 어미변화가 -s, -s, -, -ons, -ez, -ent로 되는 동사

- rendre(돌려주다)형 : rends, rends, rend, rendons, rendez, rendent
  동일변화 동사 : -endre, -ondre, -erdre -ordre로 끝나는 동사는 prendre동사를 제외하고는 모두 이 형이다.
- prendre(잡다)형 : prends, prends, prend, prenons, prenez, prennent
  동일변화 동사 : apprendre(배우다), comprendre(이해하다), surprendre(놀라게 하다)
- mettre(놓다)형 : mets, mets, met, mettons, mettez, mettent
  동일변화 동사 : permettre(허락하다), promettre(약속하다)

4) 어미변화가 -x, -x, -t, -ons, -ez, -ent로 되는 동사

- pouvoir(…할 수 있다)형 : peux, peux, peut, pouvons, pouvez, peuvent
  동일변화 동사 : vouloir(원하다), valoir(값나가다)

✓ 의문형용사

- "어떤", "무슨", "몇"이라는 의문의 뜻을 내포하는 형용사로써 속사적 또는 부가적 형용사의 역할을 한다.

[1] 형태

	남성	여성
단수	quel	quelle
복수	quels	quelles

[2] 사용법

1) 형용사로서 명사 앞에서 쓰여 의문문을 이룬다.

- Quelle fleur aimez-vous? 당신은 어떤 꽃을 좋아하십니까?
- Quel livre as-tu? 너는 무슨 책을 가지고 있니?

2) 속사로 쓰여 의문문을 이룬다.

- Quel est son nom? 그의 이름은 무엇입니까?
- Quelle est votre profession? 당신의 직업은 무엇입니까?

3) 형용사나 명사의 앞에 쓰여 감탄표현을 이룬다.

- Quel bonheur! 얼마나 행복한가!
- Quelle belle voiture! 자동차 정말 아름답구나!

✓ 의문대명사

• 사람, 동물 또는 사물을 대신하는 대명사로 의문문을 이루며, 두 가지로 나눌 수 있다.

[1] 변화하지 않는 의문 대명사

	주어	속사·직접보어	간접보어·상황보어
사람	(1) qui (2) qu'est-ce	qui qui est-ce que	전치사 + qui 전치사 + qui est-ce que
사물	(1) - (2) qu'est-ce qui	que qu'est-ce que	전치사 + quoi 전치사 + quoi est-ce que

1) 사람을 묻는 경우

➾ qui와 qui est-ce qui는 사람을 나타내며 주어가 된다.

- Qui-est venu? = Qui est-ce qui est venu? 누가 왔니?

➾ qui와 qui est-ce que 역시 사람을 나타내며 속사나 직접보어가 된다.

- Qui cherchez-vous? = Qui est-ce que vous cherchez? 당신은 누구를 찾습니까?

➾ 전치사 + qui와 전치사 + qui est-ce que는 사람을 가리키며 간접보어 또는 상황보어가 된다.

- A qui pensez-vous? = A qui est-ce que vous pensez? 당신은 누구를 생각하십니까?

2) 사물을 묻는 경우

➾ qu'est ce qui는 사물을 나타내며 주어가 된다.

- Qu'est-ce qui est arrivé? 무슨 일이 일어났습니까?

➾ que와 qu'est-ce que는 사물을 가리키며 속사 또는 직접보어가 된다.

- Que cherchez-vous? = Qu'est-ce que vous cherchez? 당신은 무엇을 찾습니까?

➾ 전치사 + quoi나 전치사 + quoi est-ce que는 사물을 나타내며 간접보어나 상황보어가 된다.

- Avec quoi mange-t-il? = Avec quoi est-ce qu'il mange? 그는 무엇을 가지고 먹습니까?

[2] 변화하는 의문대명사 : 정관사 + 의문형용사의 형태로, 여러 사람 또는 여러 사물 중의 "어느 쪽"을 의미하는 의문대명사로 사용한다.

남성단수	여성단수	남성복수	여성복수
lequel	laquelle	lesquels	lesquelles

✓ 전치사 à, de가 선행하는 경우

	남성단수	여성단수	남성복수	여성복수
à	auquel	à laquelle	auxquels	auxquelles
de	duquel	de laquelle	desquels	desquelles

✓ à나 de 이외의 전치사와는 축약하지 않는다.

1) 주어, 속사, 직접보어로 쓰인다.

➾ 주어로 쓰인 경우

- Lequel de ces bijoux est le plus cher? 이 보석들 중에서 어느 것이 제일 비쌉니까?

➾ 속사로 쓰인 경우

- Laquelle est-elle ; professeur ou étudiante? 그 여자는 어느 쪽인가요 ; 선생인가요 혹은 학생인가요?

➾ 직접보어로 쓰인 경우

- Laquelle de ces deux robes aimes-tu? 너는 이 두 옷 중 어느 것을 좋아하니?

2) 전치사를 동반하는 복합형은 간접목적보어 또는 상황보어로 쓰인다.

➾ 간접보어로 쓰인 경우

- Auquel de tes amis écris-tu? 너는 친구들 중에서 누구에게 편지 쓰니?

➾ 상황보어로 쓰인 경우

- Par laquelle de ces routes passe-t-il? 이 길들 중 어느 길을 그는 지나갑니까?

✓ 의문부사

[1] combien, comment, où, pourquoi, quand

1) conbien : 수량에 관한 의문을 나타내며 명사와 쓰일 때는 전치사 de와 연결된다.

- Combien êtez-vous? 당신은 몇 명입니까?
- Combien de frères avez-vous? 당신은 형제가 몇 명입니까?

2) comment : 양태, 방법에 관한 의문을 표시한다.

- Comment trouves-tu le livre? 네가 어떻게 이 책을 찾았을까?
- Comment allez-vous? 어떻게 지내십니까?

3) où : 장소에 관한 의문을 표시한다. 경우에 따라서는 전치사가 앞에 온다.

- Où habites-tu? 너는 어디 사니?
- D'où venez-vous? 당신은 어디서 왔습니까?

4) pourquoi : 이유에 관한 의문을 표시한다.

- Pourquoi pleures-tu? 너는 왜 우니?

5) quand : 시간에 관한 의문을 표시한다.

- Quand partez-vous? 당신은 언제 떠나세요?

[2] 주어가 대명사인 경우

Où	est-ce qu'il étudie la musique? étudie-t-il la musique?	어디에서 그는 음악을 공부합니까?
Quand		언제 그는 음악을 공부합니까?
Comment		어떻게 그는 음악을 공부합니까?
Pourquoi		왜 그는 음악을 공부합니까?

[3] 주어가 명사인 경우

Où	est-ce que Pierre étudie la musique? Pierre étudie-t-il la musique?
Quand	
Comment	
Pourquoi	

✓ 전치사

[1] 시간 앞에 쓰이는 전치사 : **à, après, avant, dans, de, depuis, pendant, pour, jusqu'à** 등.

- Je pars dans une heure. 나는 1시간 후에 떠난다.
- J'arrive jusqu'à 5 heures. 나는 5시까지 도착한다.
- J'habite ici depuis 5 ans. 5년 전부터 여기서 산다.

[2] 장소와 방향을 나타내는 전치사 : **à, chez, dans, de, derrière, sur, devant, sous, vers, à côté de, en face de, loin de, près de** 등.

- Elle vient d'Italie. 그녀는 이태리에서 온다.
- Je vais chez lui. 나는 그의 집에 간다.

[3] 방법과 양태를 나타내는 전치사 : **avec, en, par** 등.

- Je vais au cinéma avec mon ami. 나는 내 친구와 영화관에 간다.
- Cette table est en bois. 이 테이블은 나무로 만들어졌다.
- J'envoie un colis par bateau. 나는 배로 소포를 붙인다.

[4] 소속과 소유를 나타내는 전치사 : **de, à**

- Ce sac est à moi. 이 가방은 내 것이다.
- C'est un livre de ma soeur. 내 여동생의 책이다.

[5] 목적을 나타내는 전치사 : **à, pour**

- Il n'y a rien à manger. 먹을 것이 아무 것도 없다.
- Je pars pour Pusan. 나는 부산으로 떠난다.

[6] **en** 전치사의 활용 예

장소 : Il est en Corée. 그는 한국에 있다.
교통 : Il va en train. 그는 기차로 간다.
기간 : Il arrivera en deux jours. 그는 이틀 안에 도착할 것이다.
시간 : On est en hiver. 겨울이다.
상태 : Les roses sont en fleurs. 장미가 피어있다.

✓ 복합과거

• 조동사 avoir 또는 être와 함께 본동사의 과거분사가 복합과거를 이루며, 일순간에 완료된 과거의 행위 또는 상태를 나타낸다.

[1] 형태

➩ avoir 또는 être의 현재형 + 과거분사

1) 모든 타동사와 대부분의 자동사는 avoir를 조동사로 취한다.

- J'ai aimé le vin. 나는 포도주를 좋아했었다.
- Vous avez téléphoné à votre professeur. 당신은 선생님에게 전화하였다.

2) 일부 자동사 (장소의 이동을 나타내는 뜻의 동사)는 être를 조동사로 취한다. 이때 과거분사는 주어의 성과 수에 일치한다.

➩ aller(가다), venir(오다), partir(떠나다), arriver(도착하다), entrer(들어오다), sortir(나가다), mourir(죽다), naître(태어나다), rester(있다), tomber(넘어지다), monter(오르다), descendre(내려가다) 등.

- Je suis sorti(e) à 9 heures. 나는 9시에 나왔다.
- Elle est arrivée hier. 그녀는 어제 도착하였다.

3) 복합과거에서 직접목적어가 조동사 앞에 올 경우 과거분사는 직접목적어의 성과 수에 일치시켜야 한다.

- Je les(fleurs) ai données à Sylvie. 나는 꽃들을 소피에게 주었다./
  Je lui ai donné les fleurs. 나는 꽃들을 그녀에게 주었다.

[2] 과거분사의 형태

1) 1군 규칙동사의 과거분사는 어미가 -é로 끝난다.

parler-parlé, donner-donné, regarder-regardé, arriver-arrivé, tomber-tombé 등.

2) 2군 규칙동사 및 -ir로 끝나는 몇몇 불규칙동사의 과거분사는 어미가 -i 로 끝난다.

choisir-choisi, obéir-obéi, bâtir-bâti, partir-parti, sortir-sorti 등.

3) -re로 끝나는 몇몇 불규칙 동사의 과거분사는 어미가 -u로 끝난다.

attendre-attendu, boire-bu, répondre-répondu, rendre-rendu 등.

4) 그 외의 불규칙동사들의 과거분사는 동사변화표를 보고 확인해야한다.

ouvrir-ouvert, venir-venu, vouloir-voulu, voir-vu, devoir-dû, faire-fait, avoir-eu, être-été, écrire-écrit, pouvoir-pu, prendre-pris, lire-lu, mettre-mis, croire-cru 등.

[3] 복합과거의 의문문과 부정문

1) 의문문은 주어와 조동사를 도치하거나 의문형태소를 사용하여 만든다.

- As-tu commencé ce travail? 너는 이 일을 시작했니?
- Est-ce que tu n'es pas allé à l'école hier? 너는 어제 학교에 가지 않았니?

2) 부정문은 조동사 앞에 ne 조동사 뒤에 pas를 놓아 만든다.

- Je n'ai pas fini mes devoirs. 나는 숙제를 아직 마치지 못했다.

3) 부정의문문은 조동사의 부정의문형 뒤에 과거분사를 놓는다.

- N'avez-vous pas fini? 당신은 끝내지 못했습니까?

✓ 반과거

• 과거의 시점은 복합과거와 동일하며 조동사 없이 각 인칭에 따라 어미를 변화시킴으로서 반과거를 만든다.

[1] 형태

je	-ais	nous	-ions
tu	-ais	vous	-iez
il/elle	-ait	ils/elles	-aient

✓ 어간은 être (ét-)동사를 제외하고는 동사의 1인칭 복수형태에서 -ons를 뗀 부분이다.

[2] 사용법

1) 과거에 있어서 계속적인 동작, 상태를 표시한다.

- J'attendais mon ami longtemps. 나는 친구를 오래도록 기다리고 있었다.
- Je chantais pendant une heure. 나는 1시간 동안 노래를 했다.

2) 과거의 습관적이거나 반복적인 행위를 표시한다.

- J'allais chez mes grands-parents tous les dimanches.
  나는 일요일마다 조부모님 댁에 가곤했다.
- Je lisais le journal tous les matins. 나는 매일 아침 신문을 읽곤 했다.

3) 과거의 어떤 사실이 일어났을 때 또는 일어나고 있었을 때 진행중이던 사실을 나타낸다.

- Jean lisait le journal quand le téléphone a sonné.
  전화벨이 울렸을 때, 쟝은 신문을 읽고 있었다.
- J'écrivais une lettre quand il est entré. 그가 들어왔을 때 나는 편지를 쓰고 있었다.

4) 기타

➾ 묘사에서 배경설정

- C'était une nuit tranquille à Paris. 파리에서 아주 조용한 밤이었다.

➾ 감정이나 정신적 상태의 기술

- Marie était heureuse ; elle avait envie de chanter.
  마리는 행복했다 ; 그녀는 노래를 부르고 싶었다.

➾ 과거에서 시각이나 나이를 말할 때

- Il était six heures et demie. 여섯 시 반이었다.
- C'était son anniversaire ; il avait vingt-deux ans. 그의 생일이었다 ; 그는 22살이 되었다.

✓ 대과거

• avoir나 être를 조동사로 하는 복합시제로서 반과거나 복합과거보다 앞선 동작이나 상태를 나타낸다.

[1] 형태

➾ avoir 또는 être의 반과거 + 과거분사

	aimer	sortir
je(j')	avais aimé	étais sorti(e)
tu	avais aimé	étais sorti(e)
il/elle	avait aimé	était sorti(e)
nous	avions aimé	étions sorti(e)s
vous	aviez aimé	étiez sorti(e,s,es)
ils/elles	avaient aimé	étaient sorti(e)s

[2] 사용법

1) 복합과거나 반과거로 표현되는 어떤 과거 사실에 대하여 그보다 앞서 이루어진 사실을 나타낸다.

- Quand il est arrivé, j'avais fini mes devoirs. 그가 도착했을 때, 나는 숙제를 마쳤다.
- Dès que tu avais lu cette lettre, tu es sorti. 이 편지를 읽자마자 너는 나갔다.

2) 과거의 한 시점에 있어서 이미 완료되어 있었던 사실을 나타낸다.

- J'avais reçu une lettre. 나는 편지 한통을 받아가지고 있었다.

3) 간접화법에서 "과거 속의 과거"를 나타낸다.

- J'ai dit : "Je suis allé à l'école" ▸ J'ai dit que j'étais allé à l'école.
  나는 학교에 갔었다고 말했다.
- Il a dit : "J'ai travaillé." ▸ Il a dit qu'il avait travaillé. 그는 공부했다고 말했다.

✓ 명령문

• 명령문은 2인칭 단수, 1인칭 복수 그리고 2인칭 복수에 쓰며 요구, 바램 또는 제안의 뜻으로 사용한다.

[1] 명령문 현재

1) 동사의 2인칭 단수, 복수 그리고 1인칭 복수에 해당하는 현재형에서 주어를 생략한다.

2) 2인칭 단수의 어미가 -es인 경우 s를 뗀다.

- Tu aimes. ▸ Aime! 사랑하라!

3) aller의 명령법 2인칭 단수도 s를 뗀다.

- Tu vas. ▸ Va! 가라!

4) 중성대명사 en이나 y 앞에서는 s가 생략되지 않는다.

- Vas-y! 가거라!

5) 긍정명령인 경우 인칭대명사 me, te는 moi, toi가 된다.

- Tu me regardes. ▸ Regarde-moi! 나를 봐라!

6) avoir, être, savoir, vouloir는 특수한 형태를 사용한다.

	avoir	**être**	**savoir**	**vouloir**
tu	aie	sois	sache	veuille
nous	ayons	soyons	sachons	veuillons
vous	ayez	soyez	sachez	veuillez

[2] 명령문 과거 : avoir/être의 명령문 현재 + 과거분사

	finir	**arriver**	**prendre**
tu	aie fini	sois arrivé(e)	aie pris
nous	ayons fini	soyons arrivé(e)s	ayons pris
vous	ayez fini	soyez arrivé(e)(s)	ayez pris

✓ 목적보어 인칭대명사

• 보어인칭대명사란 직접목적어와 간접목적어를 말하며, 그 형태는 다음과 같이 인칭에 따라 변한다.

[1] 형태

직접목적보어 (…을)	me (m')	te (t')	le/la (l')	nous	vous	les
간접목적보어 (…에게)	me (m')	te (t')	lui	nous	vous	leur

1) 직접목적보어와 간접목적보어는 긍정명령을 제외하고는 모두 동사 앞에 위치한다.

- Il me voit. 그는 나를 본다.
- Elle nous répond. 그녀는 우리에게 대답한다.

2) 복합시제의 경우 목적보어 인칭대명사는 조동사 앞에 두며, 직접목적어인 경우 과거분사를 직접목적어의 성과 수에 일치시켜준다.

- Avez-vous acheté ces fleurs? ▸ Oui, je les ai achetées.
  당신은 이 꽃들을 샀습니까? ▸ 네, 나는 그것을 샀습니다.

3) 부정문에서는 부정의 부사 ne ~ pas를 목적보어 인칭대명사와 동사의 앞과 뒤에 각각 놓는다.

- Je ne t'aime pas. 나는 너를 좋아하지 않는다.
- Je ne les ai pas donnés à Sophie. 나는 그것을 소피에게 주지 않았다.

4) 긍정명령문에서는 목적보어 인칭대명사를 동사 바로 뒤에 위치시켜 " -"으로 연결하며, 이때 me와 te는 moi와 toi로 변한다.

- Passe-moi ce livre! 그 책을 나에게 전해줘라.
- Donnez-lui ce stylo! 그(녀)에게 그 만년필을 전해주세요.

[2] 보어인칭대명사의 순서 : 목적보어 두 개가 동시에 사용될 경우

1) 직접보어가 3인칭이고 간접보어가 1, 2인칭인 경우

➔ 간접보어(me, te, nous, vous) + 직접보어(le, la, les) + 동사
- Je te le donne. 나는 너에게 그것을 준다.

2) 직접보어와 간접보어가 모두 3인칭인 경우

➔ 직접보어(le, la, les) + 간접보어(lui, leur) +동사

- Je <u>le lui</u> donne. 나는 그것을 그에게 준다.

3) 직접보어가 1, 2인칭인 경우 간접보어와 함께 쓰지 못하며, 간접보어에는 à + 강세형 인칭대명사로 하여 동사 뒤에 놓는다.

- Je te présente <u>à lui</u>. 나는 너를 그에게 소개한다.

4) 긍정명령문인 경우

- Passe-<u>le-moi</u>. 그것을 나에게 주세요.
- Prêtez-<u>la-lui</u>. 그것을 그(녀)에게 빌려 주세요.

5) 부정명령문의 경우는 평서문의 경우와 같다.

- Ne me la donne pas. 나에게 그것을 주지 마세요.
- Ne le lui donne pas. 그(녀)에게 그것을 주지 마세요.

✓ 중성대명사 le, en, y

- 한정되지 않은 중성적인 것을 대신하며 le, en, y 세 가지가 있다. 이 중성대명사들은 성과 수에 변화가 없고 위치는 목적보어 인칭대명사와 같다.

[1] 중성대명사 **le** : 성과 수에 관계없이 명사, 형용사, 부정사, 절 등을 대신해서 직접목적어 또는 속사로 쓰인다.

1) 문장 또는 절을 대신하는 경우

- Je suis fatigué. Tu le comprends? 나는 피곤하다. 너는 그것을 이해하니?

2) 부정법을 대신하는 경우

- Tu lui téléphones? Tu le dois. 너는 그에게 전화하니? 그래야만 한다.

3) 속사로 쓰이는 경우

- Tu es malade? Oui, je le suis. 너는 아프니? 네, 나는 아픕니다.
- Elle est française? Oui, elle l'est. 그녀는 프랑스인이니? 네, 그녀는 프랑스인이에요.

[2] 중성대명사 **en** : 성과 수에 관계없이 전치사 **de** + 명사, **de** + 부정법 또는 부분관사나 부정관사에 의해 수식받는 명사를 대신하여 쓴다.

1) de + 명사를 대신하는 경우

- Parlez-vous de ce problème? Oui, j'en parle.
  당신은 이 문제에 대해 이야기 합니까? 네, 나는 이야기 합니다.

2) de +부정법 또는 절을 대신하는 경우

- As-tu envie de voir un film? Oui, j'en ai envie.
  너는 영화를 보고 싶니? 응, 나는 보고 싶어.
- Il est content de la rencontrer? Oui, il en est content.
  그는 그녀를 만난 것에 대해 만족합니까? 네, 그는 만족해 합니다.

3) 부분관사 또는 부정관사 및 수량형용사를 대신하는 경우

- As-tu de l'agent? Oui, j'en ai. 너 돈 있니? 응, 있어.
- Avez-vous des frères? Oui, j'en ai. 남자 형제가 있습니까? 네, 있습니다.
- Combien de livres as-tu? J'en ai deux. 너는 몇 권의 책이 있니? 2권 있어.

[3] 중성대명사 y : 전치사(à, sur, dans, en…) + 명사를 받아 사물의 경우에만 사용된다.

1) 장소나 사물을 대신하는 경우

- Tu vas à l'école? Oui, j'y vais. 학교 가니? 응 학교에 가.
- Je connais votre problème et j'y pense toujours.
  당신의 문제를 알고 있고, 항상 그것에 대해 생각하고 있다.

2) à + 부정법 또는 절을 대신하는 경우

- On me demande de lire ce texte. J'y commence.
  나에게 이 텍스트를 읽으라고 한다. 나는 읽기 시작한다.
- Le temps est précieux. Tu dois y penser.
  시간은 소중하다. 그것을 생각해야만 한다.

✓ 단순미래

[1] 형태

- 프랑스어 동사의 미래형은 영어에서처럼 미래의 뜻을 나타내는 조동사를 사용하여 만드는 것이 아니라 동사의 어미가 미래형으로 변화한다.
- 몇몇 동사를 제외하고 동사의 원형을 어간으로 하여 다음의 미래형 어미를 붙임으로써 단순미래 시제를 나타낸다.

je	-ai	nous	-ons
tu	-as	vous	-ez
il/elle	-a	ils/elles	-ont

✓단, 원형이 -re 인 경우는 e를 탈락시킨다.

	aimer	**parler**	**finir**	**prendre**	**dire**
je(j')	aimer<u>ai</u>	parler<u>ai</u>	finir<u>ai</u>	prendr<u>ai</u>	dir<u>ai</u>
tu	aimer<u>as</u>	parler<u>as</u>	finir<u>as</u>	prendr<u>as</u>	dir<u>as</u>
il/elle	aimer<u>a</u>	parler<u>a</u>	finir<u>a</u>	prendr<u>a</u>	dir<u>a</u>
nous	aimer<u>ons</u>	parler<u>ons</u>	finir<u>ons</u>	prendr<u>ons</u>	dir<u>ons</u>
vous	aimer<u>ez</u>	parler<u>ez</u>	finir<u>ez</u>	prendr<u>ez</u>	dir<u>ez</u>
ils/elles	aimer<u>ont</u>	parler<u>ont</u>	finir<u>ont</u>	prendr<u>ont</u>	dir<u>ont</u>

- 미래형의 어간이 완전히 달라지는 불규칙 변화형

être	⇨	je serai	falloir	⇨	il faudra
avoir		j'aurai	devoir		je devrai
faire		je ferai	courir		je courrai
voir		je verrai	recevoir		je recevrai
aller		j'irai	savoir		je saurai
venir		je viendrai	vouloir		je voudrai
pouvoir		je pourrai	envoyer		j'enverrai

[2] 사용법

1) 미래에 일어날 상태를 표시한다.

- Il ira en France l'année prochaine. 그는 내년에 프랑스에 갈 것이다.
- Je mangerai un gâteau. 나는 케익을 먹을 것이다.

2) 어조를 부드럽게 하기 위해 현재 대신으로 사용한다.

- Vous m'apporterez un café. 제게 커피를 갖다주세요.
- Vous fermerez la porte. 문을 닫으세요.

3) 명령이나 충고를 완곡하게 표현하는데 사용한다.

- Vous prendrez la première rue à gauche. 첫번째 길을 왼쪽으로 돌아가세요.

4) 현재에 대한 추측으로 쓰인다. 이때 동사는 보통 être와 avoir이다.

- Maintenant, il sera à Paris. 지금 그는 빠리에 있을 것이다.
- Mon ami est absent. Il aura encore sa migraine.
  내 친구는 결석이다. 그는 또 편두통을 앓고 있는 모양이다.

✓ 전미래

[1] 형태

➾ avoir/être의 단순미래형 + 과거분사

	aimer	arriver
je(j')	aurai aimé	serai arrivé(e)
tu	auras aimé	seras arrivé(e)
il/elle	aura aimé	sera arrivé(e)
nous	aurons aimé	serons arrivé(e)s
vous	aurez aimé	serez arrivé(e,s,es)
ils/elles	auront aimé	seront arrivé(e)s

✓조동사가 être일 때 과거분사는 주어의 성과 수에 일치시킨다.

[2] 사용법

1) 다른 또 하나의 미래 사실보다 앞서 이루어질 사실이나 미래의 어느 시점에 완료되어 있을 행위를 표시한다.

- Quand j'aurai fini mon travail, je partirai. 내 일을 마치면 나는 떠나겠다.
- Il sera parti à 7 heures. 7시면 그는 떠났을 것이다.

2) 일정시간 내에 완료되기를 바라는 명령을 부드럽게 표현하기 위해 쓴다.

- Tu auras fini tes devoirs jusqu'à 7 heures. 너는 7시까지 숙제를 마쳐라.
- Nous aurons pris le train à 10 heures. 10시에 기차를 탑시다.

✓ 관계대명사

- 관계대명사는 두 문장에 같은 단어가 있을 때, 한 문장을 주절로 하여 다른 문장을 연결하는데 사용된다. 이때 종속절은 같은 단어 바로 뒤에 붙여야 하며, 그 단어를 선행사라고 부른다.
- 관계대명사는 선행사의 성과 수에 따라 변화하는 것과 변화하지 않는 것이 있다.

[1] 변화하지 않는 관계대명사

기능 \ 선행사	사람	사물	중성대명사
주어	qui	qui	qui
속사, 직접목적보어	que	que	que
간접목적보어	전치사 + qui	x	전치사 + quoi
장소, 시간	x	(d', par, jusqu'à) où	x
de + 명사	dont	dont	dont

1) 관계대명사 qui : 관계절에서 주어의 역할을 하며 사람, 동물, 사물 및 중성대명사를 선행사로 한다.

- Je parle avec une amie qui est allemande. 나는 독일 여자친구와 이야기한다.
- Je te donne un mouchoir qui est rouge. 빨간색 손수건을 너에게 준다.
- Il n'achète pas ce qui est cher. 그는 비싼 것은 사지 않는다.

2) 관계대명사 que : 관계절의 직접보어, 속사로서 사용되며 사람, 동물, 사물 및 중성대명사를 선행사로 한다.

- Je reçois une lettre que tu m'as envoyée. 네가 보내준 편지를 받는다.
- Voilà une maison que tu veux acheter. 네가 사고 싶어 하는 집이다.
- C'est tout ce que j'ai dit. 이것이 내가 말하려는 것 모두이다.

3) 전치사 + qui : 사람을 받아 상황보어로 쓰인다.

- C'est Pierre avec qui je vais à la gare. 내가 역에 함께 간 사람은 피에르이다.
- C'est ma cousine à qui tu téléphones. 네가 전화한 사람은 나의 사촌이다.

4) 전치사 + quoi : 중성대명사 ce, rien, quelque chose와 절을 받을 경우만 쓴다.

- C'est (ce) à quoi je pense. 이것이 내가 생각하는 것이다.
- Tu n'as rien avec quoi tu écris. 너는 가지고 쓸 것이 아무 것도 없다.
- Il y a quelque chose avec quoi je peux jouer. 내가 가지고 놀 수 있는 어떤 것이 있다.

5) 관계대명사 où : 장소와 시간을 선행사로 취한다. 전치사 de, par, jusqu'à 와 함께 쓰이기도 한다. (전치사 + où)

- Je la rencontre à l'école où mon oncle travaille.
  나는 그녀를 우리 삼촌이 일하는 학교에서 만난다.
- C'est lundi où nous sommes libre. 우리가 시간이 있는 날은 월요일이다.
- Je vais au pays d'où vous êtes venu. 당신이 온 고장으로 나는 간다.
- La porte par où je suis entré. 내가 들어간 문.

6) 관계대명사 dont : 선행사로 de + 명사를 취한다.

- C'est une maison dont je te parle. (parler de + 명사) 이것이 내가 너에게 말한 집이다.
- Voilà un livre dont tu as besoin. (avoir besoin de + 명사)
  여기에 네가 필요한 책이 있다.
- Il y a une maison dont le toit est bleu.
  여기에 집이 하나 있는데, 그것의 지붕은 파란색이다.

[2] 변화하는 관계대명사

기능 \ 선행사	남성		여성	
	단수	복수	단수	복수
주어, 직접목적보어	lequel	lesquels	laquelle	lesquelles
à 뒤에서	auquel	auxquels	à laquelle	auxquelles
de 뒤에서	duquel	desquels	de laqulle	desquelles
dans 뒤에서	dans lequel	dans lesquels	dans laquelle	dans lesquelles

1) lequel, laquelle, lesquels, lesquelles : 선행사는 사람, 사물을 모두 나타낼 수 있으며 관계절의 주어 또는 직접목적보어로 쓰인다. 의미는 qui나 que와 같지만, 문장의 애매모호함을 피하기 위해 쓴다.

- Je connais la fille de M. Dubois lequel est en France.
  나는 뒤브와씨의 딸을 안다. 그는 프랑스에 있다.
- Elle achète des pommes chez Mme Vincent lesquelles sont bonnes.
  그녀는 뱅쌍 부인 가게에서 사과들을 산다. 그것들은 맛있다.

2) 전치사 + lequel, laqulle …

➩ 사람이 선행사인 경우 : 역시 뜻을 분명히 하기 위해 쓴다.

- C'est le fils de Mme Kim à laquelle je téléphone.
  그는 김씨 부인의 아들이다. 나는 그녀에게 전화한다.

⇨ 사물 또는 동물이 선행사인 경우 : 전치사 + 변화하는 관계대명사만 쓴다.

- Tu as un problème auquel je pense toujours.
  너는 문제가 하나 있다. 나는 항상 그것에 대해 생각한다.
- Il y a une table sur laquelle tu mets une tasse de café.
  여기 식탁이 있다. 그 위에 너는 커피 한잔을 놓는다.

✓ 비교급

• 정도의 높고 낮음에 따라 우등비교, 열등비교, 동등비교로 나뉜다.

[1] 부사나 형용사 비교급

우등비교	plus + 형용사/부사 + que
열등비교	moins + 형용사/부사 + que
동등비교	aussi + 형용사/부사 + que (부정문일 때는 si ~ que 사용)

- Elle est plus grande que moi. 그녀는 나보다 크다.
- Ce café est moins chaud que le thé. 이 커피는 이 차보다 덜 뜨겁다.
- Il n'est pas si grand que Jean. 그는 쟝 만큼 크지 않다.
- La voiture va aussi vite que le train. 자동차는 기차보다 빨리 달린다.

⇨ 우등이나 열등비교에서 비교의 정도를 표시하고자 할 때 bien, beaucoup, un peu 등의 부사나 de + 수량명사를 첨가하기도 한다.

- Elle est bien plus belle que Marie. 그 여자는 마리보다 훨씬 더 예쁘다.
- Il est plus jeune que son frère de 3 ans. 그는 그의 형보다 세 살 어리다.

[2] 명사의 비교급

우등비교	plus de + 명사 + que
열등비교	moins de + 명사 + que
동등비교	autant de + 명사 + que

- Il a plus de livres que moi. 그는 나보다 많은 책을 가지고 있다.
- Tu as moins d'argent que lui. 너는 그보다 돈이 적다.
- Elle a autant de stylos que nous. 그녀는 우리만큼의 연필을 가지고 있다.

[3] 주의해야 할 형용사와 부사의 비교급 형태

	원급	비교급
형용사	bon mauvais petit bien	meilleur pire (plus mauvais) moindre (plus petit) mieux

부사	mal peu beaucoup	pis (plus mal) moins plus

1) plus mauvais, plus petit는 구체적인 의미로 사용되고 pire, moindre는 추상적, 비유적인 의미로 사용된다.

- Ce café est plus mauvais que l'autre. (구체적) 이 커피는 다른 것보다 맛이 나쁘다.
- Le café est pire que le thé. (추상적) 커피는 홍차보다 유해하다.

2) pis는 tant pis(난처하지만 할 수 없지)나 de mal en pis(더욱더 나쁘게) 등의 숙어표현에서만 쓰이고 보통은 plus mal이 사용된다.

- Elle chante plus mal que lui. 그녀는 그보다 노래를 더 못한다.

✓ 최상급

[1] 비교급 앞에 정관사를 붙여 최상급을 만든다.

➾ 정관사는 형용사의 성·수에 일치시킨다. 부사인 경우는 불변이다.

우등최상급	le, la, les + 형용사 + de ~ (…중에서) le + 부사 + de
열등최상급	le, la, les + 형용사 + de ~ (…중에서) le + 부사 + de

- La rose est la plus belle des fleurs. 장미는 꽃들 중에서 가장 예쁘다.
- Il explique le moins clairement de ses amis. 그는 그의 친구들 중에서 가장 불분명하게 설명한다.

[2] 주의해야할 형용사와 부사의 최상급 형태

	원급	최상급
형용사	bon	le(la, les) meilleur(e, s, es)
	mauvais	le(la, les) pire(s) le(la, les) plus mauvais(e, es)
	petit	le (la, les) moindre(s) le, (la, les) plus petit(e, s, es)
부사	bien mal peu beaucoup	le mieux le pis (le plus mal) le moins le plus

✓ 부사

• 부사는 동사, 형용사 또는 다른 부사를 수식하는 역할을 한다.

[1] 부사의 종류 : 부사의 기능에 따라 다음과 같이 분류할 수 있다.

양태·방법의 부사	ainsi, bien, ensemble, debout, mal, vite, plutôt, cher, juste
시간의 부사	demain, maintenant, longtemps, quelquefois, bientôt, autrefois, déjà, dupuis
장소의 부사	ici, là, loin, près, partout
수량·정도의 부사	beaucoup, peu, assez, trop, très, tellement
긍정의 부사	oui, certainement, juste, certes, si, vraiment
부정의 부사	ne, non

[2] 사용법

1) 상황보어 역할을 한다.

- Il travaille beaucoup. 그는 일을 많이 한다.
- Nous allons ensemble. 우리는 함께 간다.

2) 속사 역할을 한다.

- Il est debout. 그는 서 있다.
- Ils sont là. 그들은 저기에 있다.

3) 수량의 부사는 전치사 de + 명사의 형태로 쓰인다.

- Il y a peu de voitures dans la rue. 거리에는 차가 거의 없다.
- Tu n'as pas assez d'argent. 너는 돈이 충분하지 않다.

[3] 형용사를 부사로 변화시키는 방법

1) 여성형 형용사에 -ment를 붙인다.

형용사		부사
남성	여성	
vif doux	vive douce	vivement 생기있게 doucement 부드럽게

actuel	actuelle	actuellement 활기차게
heureux	heureuse	heureusement 다행히

2) 모음으로 끝난 형용사는 그대로 -ment를 붙인다.

형용사	부사
joli	joliment 예쁘게
vrai	vraiment 정말로
facile	facilement 용이하게

3) 몇몇 부사는 어미가 -ément, -amment, -emment이 되기도 한다.

형용사	부사
précis	précisément 정확하게
profond	profondément 깊이
apparent	apparement 언뜻 보아
abondant	abondamment 풍부히

[4] 부사의 위치

1) 동사를 수식할 경우 : 동사 뒤에 위치하며 복합시제에서는 조동사와 본동사 사이에 위치한다.

- J'aime beaucoup la voiture. 나는 자동차를 아주 좋아한다.
- Vous avez trop parlé. 당신은 말을 과도하게 했다.

2) 형용사나 부사를 수식할 경우 : 그 앞에 위치한다.

- C'est très bon. 그것은 아주 좋다.
- J'ai très bien compris. 나는 아주 잘 이해했다.

3) 문장전체를 수식할 경우 : 문장의 앞이나 뒤에 둔다.

- Maintenant, je sors. 나는 지금 나간다.
- Il écoute de la musique quelquefois. 그는 가끔씩 음악을 듣는다.

✓ 조건법 현재/과거

• 조건법은 주로 현재나 과거 사실에 반대되는 가정적 사실을 표현할 때 쓴다.

[1] 조건법 현재

1) 형태 : 단순미래의 어간 + 반과거 어미

je	-rais	nous	-rions
tu	-rais	vous	-riez
il/elle	-rait	ils/elles	-raient

	aimer	**finir**	**prendre**	**avoir**
je(j')	aimerais	finirais	prendrais	aurais
tu	aimerais	finirais	prendrais	aurais
il/elle	aimerait	finirait	prendrait	aurait
nous	aimerions	finirions	prendrions	aurions
vous	aimeriez	finiriez	prendriez	auriez
ils/elles	aimeraient	finiraient	prendraient	auraient

2) 사용법

➩ 현재 사실에 반대되는 가정적 조건을 나타낸다. 조건을 가리키는 종속절은 <si + 반과거>로, 주절은 <조건법 현재>로 표현한다.

- Si j'avais le temps, j'irais le voir. 시간이 있다면 그를 만나러 가겠건만.
- S'il ne pleuvait pas aujourd'hui, je sortirais. 오늘 비가 오지 않는다면 외출하겠는데.

➩ 현재의 가능한 가정은 조건절에 <si + 현재>, 주절에 <단순미래>를 사용하여 가정문을 만든다.

- Si je suis libre, j'irai au cinéma avec toi.
  시간이 있으면 너와 함께 영화관에 갈 것이다.
- Si tu as de l'argent, tu m'achèteras un livre.
  네가 돈이 있으면 나에게 책을 사줄 것이다.

➩ 과거에서의 미래를 표시한다.

- Il m'a dit que Pierre reviendrait.
  그는 삐에르가 돌아올 것이라고 내게 말했다. (=Il m'a dit : "Pierre reviendra.")
- Vous avez dit que vous iriez en Italie.
  당신은 당신이 이탈리아로 갈 것이라고 말했다. (=Vous avez dit : "Nous irons en italie.")

➾ 의사를 부드럽고 공손하게 표현하기위해 사용한다.

- Je voudrais acheter ce pantalon. 나는 이 바지를 사고 싶은데요.
- Vous devriez venir. 와주셔야만 하겠습니다.

➾ 감정적 표현으로 강한 희망이나 분개의 심정을 나타낸다.

- Ah! J'aimerais le voir. 아! 그를 만나고 싶구나.
- Quoi! Tu refugerais ce cadeau! 뭐라고! 네가 이 선물을 거절한다고!

[2] 조건법 과거

1) 형태 : avoir 또는 être의 조건법 현재 + 과거분사

	aimer	**finir**	**venir**
je (j')	aurais aimé	aurais fini	serais venu(e)
tu	aurais aimé	aurais fini	serais venu(e)
il/elle	aurait aimé	aurait fini	serait venu(e)
nous	aurions aimé	aurions fini	serions venu(e)s
vous	auriez aimé	auriez fini	seriez venu(e,s,es)
ils/elles	auraient aimé	auraient fini	seraient venu(e)s

✓ être가 조동사일 경우 과거분사는 주어의 성과 수에 일치시킨다.

2) 사용법

➾ 과거 사실에 반대되는 가정 또는 추측을 표시한다. 이때 조건절은 <si + 대과거>, 주절은 <조건법 과거>이다.

- Si tu avais eu le temps, tu serais venu me voir.
  네가 시간이 있었다면, 나를 보러 왔을 텐데.
- Si j'avais été riche, j'aurais acheté cette belle maison.
  내가 부자였더라면 이 아름다운 집을 샀을 것이다.

➾ 과거에 있어서의 전미래를 나타낸다. 즉 과거를 기점으로 했을 때 미래의 어느 시점에 이미 완료되었을 사실을 나타낸다.

- Il disait que Pierre serait revenu avant midi.
  그는 삐에르가 정오 전에 돌아와 있을 것이라고 말하고 있었다.

➾ 어조를 부드럽게 하기 위해 사용된다.

- Vous auriez dû me le dire. 내게 그것을 말했으면 좋았을텐데요.

➾ 과거에 대한 추측을 나타낸다.

- J'aurais laissé la clé à la maison. 나는 열쇠를 집에 놔둔 것 같다.
- Il aurait oublié de fermer le gaz. 그는 가스를 잠그는 것을 잊은 것 같다.

➾ 감정적 표현으로 과거 사실에 대한 유감, 후회, 한탄 등의 심정을 나타낸다.

- Ah! Comme j'aurais aimé le voir. 아! 얼마나 그를 만나보고 싶어했던가!
- J'aurais voulu vous parler. 나는 당신에게 말을 하고 싶었는데.

✓ 비인칭 동사

- 비인칭 동사란 3인칭 단수 il이 주어로 쓰이는 동사이다. 이때 il은 아무런 뜻도 없고 형태변화도 없다. 이런 비인칭 동사가 쓰인 구문이 비인칭 구문이다. 다음과 같은 동사들을 비인칭으로 쓴다.

[1] 본질적 비인칭 동사

1) 자연현상으로 기상에 관한 것을 담은 동사들 : pleuvoir(비가 오다), neiger(눈이 오다), geler(얼다), grêler(우박이 오다), tonner(천둥치다), éclairer(번개가 치다), brumer(안개가 끼다), venter(바람이 불다) 등.

- Il pleut beaucoup en été. 여름에 비가 많이 내린다.
- Il n'a pas neigé l'année dernière. 작년에 눈이 내리지 않았다.
- Il va geler demain. 내일 얼음이 얼 것이다.
- Il vente aujourd'hui. 오늘 바람이 분다.

2) falloir 동사 : falloir뒤에 명사가 올 경우에는 "…이 필요하다"로 해석하고, falloir 뒤에 부정법이나 절이 올 경우에는 "…해야만 한다"로 해석한다.

- Il faut trois places. 세자리가 필요하다.
- Il faut étudier la langue étrangère. 외국어를 공부해야만 한다.
- Il faut que tout le monde sorte vite. 모두 빨리 떠나야만 한다.

3) Il s'agit de qch [de + infinitif] 구문 : "…이 문제다", "…이다"로 해석한다.

- Il s'agit d'une affaire familiale. 집안 일에 관한 문제이다.
- Il s'agit de comprendre cettre phrase. 이 문장을 이해하는 것이 문제이다.

4) Il vaut mieux + infinitif 구문 : "…하는 것이 더 낫다"로 해석한다.

- Il vaux mieux partir tout de suite. 지금 바로 떠나는 것이 낫다.

[2] 전환된 비인칭동사

1) faire동사도 날씨를 나타내는 형용사나 명사(구)와 결합하여 다음과 같은 꼴의 비인칭 표현을 만든다.

- Il fait beau/mauvais/bon/doux/chaud/froid/frais/sec/clair/sombre.
  날씨가 화창하다/나쁘다/좋다/따뜻하다/덥다/춥다/선선하다/건조하다/밝다/어둡다.
- Il fait jour/nuit. 날이 밝다/날이 저물다.
- Il fait du vent/du soleil/du brouillard/de la pluie/des nuages.
  바람이 불다/햇볕이 나다/안개가 끼다/비가 내리다/구름이 끼다.
- Il fait 20 C°. 20도다.

2) être 동사도 비인칭 주어 il과 결합하여 다음과 같은 비인칭구문을 만든다.

➾ 시간을 나타내는 구문

- Qelle heure est-il? Il est neuf heures. 몇 시입니까? 9시입니다.
- Il est midi./Il est minuit. 정오다./자정이다.
- Il est trop tard./Il est tôt. 너무 늦었다./(시간이) 이르다.

➾ Il est + 형용사 + de + 동사원형

- Il est facile de lire en coréen. 한글로 읽는 것은 쉽다.

➾ C'est l'heure de + 동사원형

- C'est l'heure de partir. 떠날 시간이다.

➾ 다음과 같은 동사들도 il과 결합하여 비인칭 표현을 만들어 낼 수 있다. : manquer(없다), importer(중요하다), suffir(…하기에 충분하다), convenir(…하는 것이 좋다), paraître(…인 것 같다), sembler(…한 듯 하다) 등.

- Il me manque du courage. 내게 용기가 부족하다.
- Il me semble qu'on frappe à la porte. 누가 문을 두드리는 것 같다.

✐ 대명동사

• 주어와 같은 인칭대명사 se를 동반하는 동사이다. se는 주어의 인칭과 수에 따라 변화하며, 직접목적어 혹은 간접목적어가 된다.

[1] 형태

	se lever	s'appeler	s'aimer	se réveiller
je	me lève	m'appelle	m'aime	me réveille
tu	te lèves	t'appelles	t'aimes	te réveilles
il/elle	se lève	s'appelle	s'aime	se réveille
nous	nous levons	nous appelons	nous aimons	nous réveillons
vous	vous levez	vous appelez	vous aimez	vous réveillez
ils/elles	se lèvent	s'appellent	s'aiment	se réveillent

1) 대명동사의 부정형과 의문형

	se laver 부정형	se laver 의문형
je	ne me lave pas	me lavé-je
tu	ne te laves pas	te laves-tu
il/elle	ne se lave pas	se lave-t-il
nous	ne nous lavons pas	nous lavons-nous
vous	ne vous lavez pas	vous lavez-vous
ils/elles	ne se lavent pas	se lavent-ils

✔ 대명동사의 부정형은 재귀인칭대명사와 동사의 앞과 뒤에 부정의 ne ~ pas를 위치시킴으로서 만든다.

✔ 대명동사의 의문문은 주어를 동사의 뒤에 위치시켜, 재귀인칭 대명사가 문장의 앞에 나오도록 한다.

2) 대명동사의 긍정 명령형과 부정 명령형

se laver 긍정 명령형	se laver 부정 명령형
lave-toi	ne te lave pas
lavons-nous	ne nous lavons pas
lavez-vous	ne vous lavez pas

✔ 대명동사의 긍정명령은 재귀인칭대명사를 동사의 뒤에 위치시킨다. 이때 te는 동사 뒤에서 toi로 바뀐다. 그러나 부정명령형에서는 본래의 위치와 형태가 된다.

3) 대명동사가 복합시제일 때 조동사로 항상 être를 사용한다.

- Je me suis levé à 6 heures. 나는 6시에 일어났다.
- Vous vous êtes aimés. 당신들은 서로를 사랑했다.

4) 복합시제에서 재귀대명사가 직접보어의 역할을 할 때 과거분사는 주어의 성과 수에 일치시킨다.

- Elle s'est lavée. 그녀는 씻었다.
- Ils se sont regardés. 그들은 서로 바라보았다.

cf) Elle s'est lavé les mains. 그녀는 손을 씻었다.

[2] 용법 : 대명동사는 의미에 따라 다음 **4**가지 종류로 구분한다.

1) 재귀적 대명동사 : 주어의 동작이 주어 자신에게로 되돌아 가는 경우이다. 이때 se는 직접목적보어 또는 간접목적보어가 된다.

- Je me couche à 11 heures. 나는 11시에 잔다. (se : 직접목적보어)
- Elles se sont promenées. 그녀는 산책하였다. (se : 직접목적보어)
- Elle se lave les mains. 그녀는 손을 닦는다. (se : 간접목적보어)
- Elles se sont brossées les dents. 그녀들은 이를 닦았다. (se : 간접목적보어)

2) 상호적 대명동사 : 주어가 행한 동작이 서로에게 미치는 경우로 주어는 항상 복수이다. 이때 se는 직접목적보어 또는 간접목적보어가 되어 '서로서로를, 서로서로에게'로 해석한다. '서로'라는 뜻을 강조하기 위해 l'un l'autre, entre nous 등을 사용하기도 한다.

- Elles se sont saluées. 그녀들은 서로 인사를 했다. (se : 직접목적보어)
- Elles s'écrivent des lettres l'une à l'autre.
  그 여자들은 서로 편지를 주고받는다. (se : 간접목적보어)

3) 수동적 대명동사 : 대명동사가 주어의 동작을 나타내는 것이 아니라, 동작을 받는 경우이다. 이 경우에 주어는 대부분 사물이며 3인칭으로 사용된다. 이때 se는 항상 직접목적보어이다.

- Cette voiture se fabrique en Corée. 이 자동차는 한국에서 생산된다.
- Ses livres se vendent bien. 그의 책들은 잘 팔린다.

4) 본질적 대명동사 : se가 직접목적보어도 간접목적보어도 아니고 문법상으로는 이렇다 할 아무런 뜻이 없는 동사이다. 즉 항상 대명동사로만 사용한다.

- Je m'en vais. 나 간다.
- Il s'endort. 그는 잔다.

✓ 직접화법/간접화법

[1] 직접화법 : 어느 사람이 이야기 하거나 생각한 것을 그대로 직접 쓰는 표현법이다.

- Je vais à l'école. 나는 학교에 간다.
  ▸ Je dit : "Je vais à l'école." "나는 학교에 간다"고 나는 말한다.
- Je ne suis pas français. 나는 프랑스인이 아니다.
  ▸ Il dit : "Je ne suis pas français." "나는 프랑스인이 아니야"라고 그는 말한다.

[2] 간접화법 : 누군가의 말을 간접적으로 전달할 때 쓰는 표현법이다. 따라서 문장의 성격에 따라 종속절을 이끄는 접속사, 주어, 동사 시제, 시간 부사 등에 주의를 해야만 한다.

1) 일반 평서문의 경우 접속사 que를 쓰며 인칭과 동사의 변화를 가져온다.

- Tu dis : "Je suis malade." ▸ Tu dis que tu es malade. 너는 아프다고 말한다.
- Il dit : "Je vais à la poste." ▸ Il dit qu'il va à la poste. 그는 우체국에 간다고 말한다.

2) 시제전환 : 직접화법을 간접화법으로 바꿀 때는 종속절의 동사 시제는 주절의 동사 시제에 대응하는 시제로 바뀌게 된다.

➾ 주절이 현재 또는 미래일 경우에는 종속절의 시제는 변하지 않는다.

- Il dit : "Elle était malade." ▸ Il dit qu'elle était malade. 그는 그녀가 아팠다고 말한다.
- Elle dit : "Je partirai en France". ▸ Elle dit qu'elle partira en France.
  그녀는 프랑스로 떠날것이다 라고 말한다.

➾ 주절이 과거시제일 경우에는 종속절의 시제는 다음과 같이 변한다.

현재 ▸ 반과거	Il m'a dit : "Je suis libre." ▸ Il m'a dit qu'il était libre. J'ai dit : "Je vais à la poste." ▸ J'ai dit que j'allais à la poste
과거 ▸ 대과거	Il m'a dit : "J'étais libre." ▸ Il m'a dit qu'il était libre. J'ai dit : "J'ai mangé une pomme." ▸ J'ai dit que j'avias mangé une pomme.
미래 ▸ 조건법현재	Il m'a dit : "Je serai libre." ▸ Il m'a dit qu'il serait libre. J'ai dit : "J'irai au cinéma." ▸ J'ai dit que j'irais au cinéma.

3) 인칭의 변화 : 화법에 따라 인칭대명사의 인칭이 바뀌는 동시에 소유형용사, 소유대명사의 인칭도 바뀐다.

- Il me dit : "J'ai fini mon devoir." ▸ Il me dit qu'il a fini son devoir.
  그는 나에게 숙제를 마쳤다고 말한다.
- Il m'a dit :"Mon chien est plus gros que le vôtre."

▸ Il m'a dit que son chien était plus gros que le mien.
그는 나에게 자기 개가 내 개 보다 더 크다고 말했다.

4) 직접화법의 명령법을 간접화법으로 쓸 경우에는 주절의 시제와 관계없이 de + 동사원형으로 바뀐다.

- Il me dit : "Va voir ton ami." ▸ Il me dit d'aller voir mon ami.
  그는 나에게 내 친구를 보러 가라고 말한다.
- Il lui a dit : "Ferme la porte." ▸ Il lui a dit de fermer la porte.
  그는 그(녀)에게 문을 닫으라고 말했다.

5) 장소와 때를 나타내는 부사의 변화에도 주의해야 한다. 주절의 동사가 과거이면 장소와 때를 나타내는 부사가 다음과 같이 바뀐다.

aujourd'hui ▸ ce jour-là 오늘 ▸ 그날	Il a dit : "Je pars aujourd'hui." Il a dit qu'il partait ce jour-là.
hier ▸ la veille 어제 ▸ 그 전날	Il a dit : "Je suis arrivé hier." Il a dit qu'il était arrivé la veille.
demain ▸ le lendemain 내일 ▸ 이튿날	Il a dit : "Je partirai demain." Il a dit qu'il partirait le lendemain.
maintenant ▸ alors 지금 ▸ 그때	Il a dit : "Je suis heureux maintenant." Il a dit qu'il était heureux alors.
le mois prochain ▸ le mois suivant 내 달 ▸ 다음 달	Il a dit : "Je serai en France le mois prochain." Il a dit qu'il serait en France le mois suivent.
le mois dernier ▸ le mois précédent 지난 달 ▸ 그전 달	Il a dit : "J'ai acheté une voiture le mois dernier." Il a dit qu'il a acheté une voiture le mois précédent.
ici ▸ là 여기 ▸ 저기	Il m'a demandé : "Il y a une banque près d'ici?" Il m'a demandé qu'il y avait une banque près de là.

[3] 간접의문문 : 간접화법 속의 의문문이다. 동사시제와 인칭 등이 바뀌는 것은 간접화법의 경우와 같다. 다만 의문사의 취급이 문제가 된다. 주어와 동사는 도치되지 않는다.

1) 의문사가 따로 없는 의문문은 간접화법으로 옮길 경우 si를 접속사로 쓴다.

- Il m'a demandé : "Êtes-vous libre?" ▸ Il m'a demandé si j'étais libre.
  그는 나에게 물었다. "시간이 있으세요?" ▸그는 나에게 시간이 있냐고 물었다.
- Vous lui demandez : "As-tu acheté une maison?" ▸ Vous lui demandez s'il a acheté une maison.
  당신은 그에게 묻는다 : "너는 집을 샀니?" ▸ 당신은 그에게 그가 집을 샀냐고 묻는다.

2) 의문사가 있는 의문문일 경우는 의문사를 그대로 접속사처럼 쓸 수 있다.

- Tu lui demandes : "Où vas-tu?" ▸ Tu lui demandes où il va.
  너는 그에게 묻는다 : "너 어디 가니?" ▸ 너는 그에게 그가 어디 가냐고 묻는다.
- Elle m'a demandé : "Quand partiras-tu?" ▸ Elle m'a demandé quand je partirais.
  그녀는 나에게 물었다 : "너 언제 떠날거니?" ▸ 그녀는 나에게 언제 내가 떠날 것인지 물었다.

3) 의문대명사가 쓰인 의문문의 경우 사람의 경우는 주격과 목적격 모두 qui로, 사물의 경우는 주격 의문대명사 qu'est-ce qui(무엇이)는 ce qui로, 목적격 의문대명사 que나 qu'est-ce que(무엇을)는 ce que로 바꾸어 접속사를 대신한다.

- Je te demande : "Qui est venu?" ▸ Je te demande qui est venu.
  나는 너에게 묻는다 : "누가 왔었니?" ▸ 나는 너에게 누가 왔었는지 묻는다.
- Il m'a demandé : "Qu'est-ce qui est arrivé?" ▸ Il m'a demandé ce qui était arrivé.
  그는 나에게 물었다 : "무슨 일이 일어났어요?" ▸ 그는 나에게 무슨 일이 일어났는냐고 물었다.
- Il m'a demandé : "Que lisez-vous?" ▸ Il m'a demandé ce que je lisais.
  그는 나에게 물었다 "무엇을 읽으세요?" ▸ 그는 나에게 무엇을 읽고 있는냐고 물었다.

✓ 현재분사

- 분사는 형용사적 형태라 볼 수 있다. 동사와 형용사의 기능을 동시에 공유하는 것이 분사이다.
- 분사에는 현재분사와 과거분사가 있다.

[1] 현재분사

1) 형태

모든 동사의 1인칭 복수 nous의 현재형에서 -ons를 빼고 -ant를 붙여 만든다.

동사원형	1인칭 복수 nous의 현재형	현재분사
aimer finir prendre	aimons finissons prenons	aimant finissant prenant

✓ 단, 세 개의 동사는 예외이다. (avoir ▸ ayant, être ▸ étant, savoir ▸ sachant)

2) 사용법

형용사의 성격을 가진 것이므로 문장 속의 어느 명사 또는 대명사를 수식하게 된다. 수식하는 명사, 대명사와의 연결 관계에 따라 두 가지 경우로 나뉜다.

➩ 형용사로 사용된다. : 현재분사가 형용사처럼 명사를 수식하는 역할을 하는 경우이다.

- J'ai rencontré mon ami revenant de l'école. 나는 학교에서 돌아오는 내 친구를 만났다.
- Il parle aux étudiants écoutant avec attention.
  그는 주의 깊게 듣고 있는 학생들에게 말을 한다.

➩ 상황절을 대신하며, 현재분사는 반드시 주어에 연결된다. 의미에 따라 다음과 같이 나눈다.

✓ 원인의 의미를 갖는 경우
- Ayant sommeil, je me couche à 9 heures. 졸리기 때문에 9시에 잠자리에 든다.
- Sortant trop tôt, tu es arrivé en avance. 너무 일찍 나왔기 때문에 너는 일찍 도착했다.

✓ 양보의 의미를 갖는 경우
- Etant heureux, nous ne le montrons pas. 기쁘면서도 우리는 기쁨을 드러내지 않는다.
- Etant fatiguées, elles parlent avec un sourire.
  피곤하면서도 그녀들은 웃음을 띠고 말한다.

✓ 조건의 의미를 갖는 경우
- Travaillant mieux, tu réussiras. 좀 더 열심히 공부하면 너는 성공할 것이다.

- Gagnant beaucoup d'argent, je pourrais lui acheter une jolie voiture.
  많은 돈을 벌면, 나는 그에게 예쁜 자동차를 하나 사줄 것이다.

✓ 시간적 의미를 갖는 경우
- Finnissant d'étudier, tu as pris le dîner. 공부를 끝마치고 너는 저녁식사를 하였다.
- Recevant une lettre, tu as commencé à pleurer. 편지를 받고서 너는 울기 시작했다.

[2] 제롱디프 : en + 현재분사

• 현재분사와 동일한 용법으로 사용된다. 주어를 수식하는 것이 아니라 동사를 수식하며 동시성, 원인, 수단·방법, 조건, 양보, 대립 등을 나타내는 상황절의 의미를 갖는다.

1) 동시성 : Vous écoutez votre fille en lisant le journal.
   당신은 신문을 읽으면서 딸의 말을 듣습니다.

2) 조건 : En marchant plus vite, il y arrivera à l'heure.
   좀 더 빨리 걷는다면 그는 정각에 도착할 것이다.

3) 수단·방법 : On gagne sa vie en travaillant. 사람들은 일함으로써 생활비를 번다.

4) 원인 : En agissant ainsi, il a tout raté. 그렇게 행동했기 때문에 그는 모든 걸 망쳤다.

5) 대립 : En chantant gaiement, il était triste. 노래는 즐겁게 부르긴 해도 그는 슬펐다.

✓ 과거분사

[1] 형태

• 단순형과 복합형 두 가지가 있다.

1) 단순형

제1군 규칙동사	어간 + é	aimer ▸ aimé parler ▸ parlé
제2군 규칙동사	어간 + i	finir ▸ fini choisir ▸ choisi
제3군 불규칙동사	-é, -i, -u, -s, t	naître ▸ né partir ▸ parti rendre ▸ rendu prendre ▸ pris faire ▸ fait

2) 복합형 : avoir 또는 être의 현재분사 + 과거분사

aimer	venir	se laver
ayant aimé	étant venu(e, s, es)	s'étant lavé(e, s, es)

[2] 용법

1) 단순형 : 형용사적 용법으로 쓰인다.

- Je vois une porte fermée. (부가형용사 기능) 나는 닫힌 문을 본다.
- La porte est fermée. (속사 기능) 문이 닫혀있다.

2) 복합형 : 동사적 용법으로 쓰인다. 주절의 동사보다 먼저 일어난 완료된 행위를 나타낸다. 특히 복합형에서 étant은 생략하는 것이 일반적이다.

- (Etant) arrivé à Paris, je vais chez lui. 파리에 도착해서 나는 그의 집으로 간다.
- Ayant reçu une lettre, elle est sortie. 편지를 받고서 그녀는 나갔다.

✓ 지시대명사

• 사람, 동물 또는 사물을 가리키는 대명사로서, 성과 수에 따라 변화하지 않는 것과 변화하는 것으로 나뉜다.

[1] 변화하지 않는 지시대명사

1) 형태

단순형	ce (c')	
복합형	ceci	cela

2) 사용법

➩ 단순형 ce는 être 동사의 주어로서의 역할을 한다.

- C'est un livre. 이것은 책이다
- C'est une clé. 이것은 열쇠이다
- Ce sont des arbres. 이것들은 나무들이다
- Ce sont des tables. 이것들은 테이블들이다.

➩ 접속사 que가 이끄는 절 또는 de + 동사원형의 의미상의 주어로 쓰인다.

- C'est la vérité que je dis. 내가 이야기 한 것은 진실이다.
- C'est l'heure de parler de la vérité. 진실을 말할 때이다.

➩ 관계대명사의 선행사로 쓰인다.

- Ce que je montre est une photo. 내가 보여준 것은 사진이다.
- Ce qui chante est un oiseau. 노래를 하는 것은 새이다.

➩ 복합형 ceci와 cela는 대비적인 의미로 쓰인다.

- Ceci n'est pas bon, mais cela est bon. 이것은 맛이 없다. 그러나 저것은 맛있다.
- Regarde ceci, mais ne regarde pas cela. 이것을 보아라. 그러나 그것은 보지 말아라.

➩ 일상 관용적 표현에서는 cela의 변형인 지시대명사 ça를 쓴다. 복합형 ceci와 cela는 대비적인 의미로 쓰인다.

- Après ça. 그것 후에.
- C'est ça. 예 그렇습니다.
- Comment ça? 어째서?
- Comme ci comme ça. 그럭저럭.
- Ça va? 잘 지내니?
- Ça ne fait rien. 아무 일도 아니다.

- Ça fait combien? 이것은 얼마이니?
- Ça coûte combien? 이것은 얼마입니까?

[2] 변화하는 지시대명사

- 앞에서 언급한 명사를 받는 대명사로서 명사의 성과 수에 따라 다음과 같이 변화한다.

1) 형태

	남성단수	여성단수	남성복수	여성복수
단순형	celui	celle	ceux	celles
복수형	celui-ci celui-là	celle-ci celle-là	ceux-ci ceux-là	celles-ci celles-là

2) 사용법

➩ 앞에서 언급한 명사 대신 쓰여, 명사의 중복을 피한다.

- Voici mon livre et celui de mon ami. 여기에 내 책과 내 친구의 책이 있다.
- Voici ma place et celle de Sophie. 여기에 내 자리와 소피의 자리가 있다.

➩ 주의해야 할 용법 : 지시대명사는 형용사가 그 앞이나 뒤에서 직접 수식할 수 없다.

- le livre jaune et celui rouge (x) /
  le livre jaune et celui qui est rouge. (o)
  노랑색 책과 빨간색 책
- ma lettre et celle envoyé par mon amie (x) /
  ma lettre et celle que mon amie a envoyée. (o)
  내 편지와 내 친구가 보낸 편지

➩ 지시대명사 복합형은 가깝고 먼 것을 지시할 때나 전자 또는 후자의 의미로 사용할 수 있다.

- Il y a deux étudiants. Celui-ci est studieux mais celui-là n'est pas studieux.
  두 학생이 있다. 이 학생은 근면하고 저 학생은 근면하지 않다.
- Paul et Jean parle bien coéen. Celui-ci est américain et celui-là est français.
  뽈과 쟝은 한국말을 잘한다. 후자는 미국인이고 전자는 프랑스인이다.

✓ 소유대명사

• 명사의 반복을 피하기 위해 앞이나 뒤에서 언급한 명사를 대신하여 그 소유자와 명사를 동시에 나타낸다.

[1] 형태

명사를 대신하기 때문에 정관사를 붙여 대신하는 명사의 성과 수에 일치시켜야 하며 형태는 다음과 같다.

남성단수	여성단수	남성복수	여성복수
le mien	la mienne	les miens	les miennes
le tien	la tienne	les tiens	les tiennes
le sien	la sienne	les siens	les siennes
le nôtre	la nôtre	les nôtres	
le vôtre	la vôtre	les vôtres	
le leur	la leur	les leurs	

[2] 사용법

1) 이미 언급한 명사의 반복을 피하기 위해 명사와 소유자를 동시에 나타낸다.

- C'est ton livre et c'est le mien. 이것은 너의 책이고, 이것은 나의 것이다.
- Voici ma montre et la tienne. 나의 손목시계와 너의 것이 있다.

2) 단독으로 쓰여 남성단수는 재산 또는 노력을, 남성복수는 가족이나 친구들을 가리킬 수 있다.

- Je mets du mien à cette affaire. 나는 이 일에 나의 노력을 다했다.
- Faites mes amitiés aux vôtres. 당신의 가족들에게 안부 전해주세요.
- Il est content de voir les siens. 그는 그의 가족들을 보는 것에 만족해한다.

✓ 준조동사

• 다른 동사와 함께 조동사적으로 쓰여서, 본래의 뜻을 떠나 특별한 의미를 갖는 동사들을 말한다.

[1] 종류

aller, venir, faillir, manquer, pouvoir, vouloir, savoir, faire, devoir, laisser 등.

[2] 사용법

1) aller + inf : 근접미래

- Je vais partir en France. 나는 프랑스로 떠날 것이다.
- Elle va finir son travail. 그녀는 일을 마칠 것이다.
- Nous allons prendre le taxi. 우리는 택시를 탈 것이다.

cf) aller + inf는 pour를 생략하여 "…하러 가다"의 의미로도 쓰인다.
- Je vais (pour) faire des courses. 나는 시장을 보러 간다.
- Elle va (pour) jouer au tennis. 그녀는 테니스를 치러 간다.

2) venir + de + inf : 근접과거

- Je vient de quitter mon ami. 나는 내 친구와 막 헤어졌다.
- Nous venons de manger. 우리는 막 먹었다.

cf) venir + inf는 "…하러 오다"의 의미로도 쓰인다.
- Il vient te voir. 그는 너를 보러온다.
- Elles viennent nager à la piseine. 그녀들은 수영하러 온다.

3) faillir + inf, manquer de + inf : "하마터면 …할 뻔하다"의 의미로 쓰인다.

- Il a failli tomber. 그는 넘어질 뻔 했다.
- Tu as failli mourir. 너는 하마터면 죽을 뻔하였다.
- J'ai manqué de rater le train. 나는 기차를 놓칠 뻔하였다.
- Elle a manqué de se casser une jambe. 그녀는 하마터면 다리가 부러질 뻔했다.

[3] 주의해야 할 준조동사 사용법

devoir, pouvoir, savoir, faire, laisser도 조동사적으로 사용되어 여러 가지 뜻을 나타낸다.

1) devoir + inf : 의무, 추측, 예정을 나타낸다.

- Je dois te parler. 나는 너에게 말해야만 한다.
- Elle doit se reposer. 그녀는 휴식을 취해야만 한다.
- Il doit avoir un problème. 그는 문제가 있는 것 같다.

- Je dois avoir faim. 나는 배고픈 것 같다.

2) pouvoir + inf : 가능이나 용인의 의미를 나타낸다.

- Je peux faire la cuisine française. 나는 프랑스 요리를 할 수 있다.
- Il peut bien le faire. 그는 그것을 잘 할 수 있다.
- Tu peux boire de la bière. 너는 맥주를 마셔도 좋다.
- Vous pouvez fumer dans la salle. 거실에서 담배를 피워도 좋다.

3) savoir + inf : "…할 줄 안다"의 의미를 나타낸다.

- Je ne sais pas lire le français. 나는 프랑스어를 읽을 줄 모른다.
- Il sait conduire la voiture. 그는 차를 운전할 줄 안다.

4) faire + inf : "…하도록 시키다"로 사역의 의미를 나타낸다.

- J'ai fait venir un médecin. 나는 의사를 오게 했다.
- Il a fait bâtir sa maison. 그는 집을 짓게 했다.

5) laisser + inf : "…하도록 내버려 두다"의 의미를 나타낸다.

- Je laisse entrer les enfants. 나는 아이들이 들어오도록 내버려 둔다.
- Il ne faut pas laisser ces étudiants fumer.
  저 학생들에게 담배를 피우게 해서는 안됩니다.

6) vouloir + inf : 희망이나 의지 그리고 정중한 명령을 나타낸다.

- Je veux me promener. 나는 산책하고 싶다.
- Elle veut prendre du café. 그녀는 커피를 마시고 싶어 한다.
- Veuillez attendre une minute. 잠깐 기다려 주십시요.

[4] 주의할 동사구 : 조동사적으로 쓰이는 동사구

1) 근접미래의 의미 : être sur le point de + inf : …하려하고 있다

- Je suis sur le point de prendre une douche. 나는 샤워하려고 한다.
- Il est sur le point de sortir. 그는 나가려고 한다.

2) 진행의 의미 : être en train de + inf : …하고 있는 중이다

- Je suis en train d'aller voir les enfants. 나는 아이들을 보러가는 중이다.
- Il est en train de parler avec son père. 그는 아버지와 대화하는 중이다.

3) 근접과거의 의미 : ne faire que de + inf : 막 …한 터이다

- Je ne fais que d'arriver. 나는 방금 도착했다.
- Elle ne fait que de prendre le bus. 그녀는 방금 버스를 탔다.

✓ 수동태

• 주어가 동작을 받는 형태의 문장을 말하며, être를 조동사로 취한다.

[1] 형태 및 시제

현재	**être**의 현재 + 과거분사
과거	**être**의 복합과거 + 과거분사
미래	**être**의 단순미래 + 과거분사

[2] 사용법

1) 타동사의 직접목적어만 수동태의 주어가 될 수 있다.

- J'aime ma femme. ▸ Elle est aimée de moi.
  나는 아내를 사랑한다. ▸ 그녀는 나의 사랑을 받는다.
- Tu donnes une rose à Sophie. ▸ Une rose est donnée à Sophie (par toi).
  너는 소피에게 장미 한 송이를 준다. ▸ 장미는 너에 의해 소피에게 주어진다.

2) 수동태에서의 과거분사는 주어의 성과 수에 일치시켜야 한다.

- Elle est respectée de tout le monde. 그녀는 모든 사람의 사랑을 받는다.
- Ces plats sont préparés par ma soeur. 이 요리들은 나의 여동생에 의해 준비된다.

3) 수동태의 시제는 être의 시제에 따라 결정된다.

➩ 현재형

- Cette maison est bâtie par mon père. 이 집은 나의 아버지에 의해 지어진다.
- Ce film est réalisé par M. Pierre. 이 영화는 삐에르씨에 의해 연출된다.

➩ 미래형

- Cette maison sera bâtie par mon père. 이 집은 나의 아버지에 의해 지어질 것이다.
- Ce film sera réalisé par M. Pierre. 이 영화는 삐에르씨에 의해 연출될 것이다.

➩ 복합과거형

- Cette maison a été bâtie par mon père. 이 집은 나의 아버지에 의해 지어졌다.
- Ce film a été réalisé par M. Pierre. 이 영화는 삐에르씨에 의해 연출되었다.

➩ 반과거형

- Cette maison était bâtie par mon père. 이 집은 나의 아버지에 의해 지어졌다.
- Ce film était réalisé par M. Pierre. 이 영화는 삐에르씨에 의해 연출되었다.

4) 수동태에서 동작주 보어가 부정대명사 on인 경우 생략할 수 있다.

- On respecte Paul. ▸ Paul est respecté. 뽈은 존경받는다.
- On a fabriqué cette voiture en 2007. ▸ Cette voiture a été fabriquée en 2007. 이 자동차는 2007년도에 만들어졌다.

5) 수동태에서 동작주 보어는 de 또는 par에 의해 이끌어지며 각각 추상적, 구체적인 의미의 동사에 사용된다.

- Je suis aimé de tout le monde. 나는 모든 사람의 사랑을 받는다.
- Tu es respecté des enfants. 너는 아이들의 존경을 받는다.
- Cette voiture est conduite par elle. 이 자동차는 그녀에 의해 운전된다.

6) 수동태가 형용사적 의미로 쓰일 경우가 있다.

- La porte est fermée. 문이 닫혀있다.
- La classe est finie. 수업이 끝난다.
- Ces voitures sont produites en France. 이 자동차들은 프랑스에서 생산되어진다.

✓ 접속사

- 접속사는 두개 이상의 말이나 절 또는 문장을 연결할 때 쓴다.
- 접속사는 연결 관계가 대등한 대등접속사, 대등하지 않은 두 문장 (한쪽은 주절, 다른 쪽은 종속절) 을 연결하는 종속접속사로 나눈다.

대등접속사	종속접속사 (que로 이루어지는 접속사구는 모두 이에 속함)
ainsi(따라서), car(왜냐하면) cependant(하지만), donc(그러므로), en effet(사실), et (와, 그리고), mais (그러나), ni(…도 않다), or(그런데), ou(또는), ou bien(또는), puis(다음에), pourtant(하지만), sinon (그렇지 않으면), toutefois (그러나) 등.	afin que(…하기 위하여), ainsi que(…처럼), alors que(…하는 반면에 + 접속법), à moins que(…하지 않는다면 + 접속법), après que(…한 뒤에), avant que(…하기 전에 + 접속법), bien que(…비록 …할지라도 + 접속법), comme(…이므로), dès que (…하자마자), jusqu'à ce que (…까지 + 접속법), lorsque(…할 때에), parce que(왜냐하면), pendant que(…하는 동안), puisque(비록 …일지라도), quand(…할 때), si(만약에), tandis que(…하는 반면에, …하는 동안에)

[1] 대등접속사 및 접속사구

1) 결합을 나타내는 대등접속사 : et, ni, or, puis, ou, alors, et puis 등.

- Paul et moi allons à l'école. 폴과 나는 학교에 간다.
- Il est sorti et puis il a pris le taxi. 그는 나갔다. 그리고는 택시를 탔다.
- Vous êtes professeur ou avocat? 당신은 선생님입니까 혹은 변호사입니까?

2) 반대의 의미를 갖는 대등접속사 : mais, pourtant, cependant 등.

- Je suis triste mais je ne pleure pas. 나는 슬프다. 그러나 나는 울지 않는다.
- Elle est fatiguée, cependant elle doit marcher encore.
  그녀는 피곤하다. 그렇지만 아직 더 걸어야만 한다.

3) 원인, 이유 또는 결과의 의미를 갖는 대등접속사 : car, donc, en effet 등.

- Il va échouer, car il ne travaille pas.
  그는 실패할 것이다. 왜냐하면 그가 공부를 하지 않기 때문이다.
- Nous avons soif, donc nous sommes entrés dans un café.
  우리는 목이 말랐다. 그래서 커피숍에 들어갔다.

[2] 종속접속사 및 접속사구

1) 목적절을 유도하는 종속접속사 : que, si

- Je ne sais pas qu'il est arrivé. 나는 그가 도착했는지 모른다.
- Elle me demande si je suis libre ce soir.
  그녀는 나에게 오늘 저녁 시간이 있는지 묻는다.

2) 목적절을 이끄는 종속접속사구 : 접속법을 이끈다. pourque, afin que

- Je vais porter le radio chez le marchant pourqu'il la répare.
  나는 라디오를 수리하기 위해 상점에 가져간다.
- Nous ne buvons pas d'alcool afin que nous travaillons pendant la nuit.
  우리는 밤에 공부를 하기 위해서 술을 마시지 않는다.

3) 원인 또는 이유의 절을 이끄는 종속접속사 : comme, puisque, parce que

- Comme il n'était pas là, je suis retourné. 그가 없었기 때문에 나는 돌아왔다.
- Vous êtes heureux, puisque vous avez gagné au loto.
  당신은 복권에 당첨되어 기쁘다.
- Elle est méchante, parce qu'elle est malheureuse.
  그녀는 심술궂은데, 왜냐하면 그녀는 불행하기 때문이다.

4) 조건이나 가정절을 이끄는 종속접속사 : si

- S'il fait beau, j'irai vous voir. 내일 날씨가 좋으면 당신을 보러 가겠다.

5) 양보 또는 대립의 절을 이끄는 종속접속사 : bien que, tandis que

- Vous reculez, tandis qu'il faudrait avancer. 당신은 전진해야하는데, 후퇴를 한다.
- On ne peut pas compter sur elle, bien qu'elle l'ait promis.
  그녀가 그것을 약속하기는 했지만 그녀를 믿을 수는 없다.

6) 시간의 의미를 갖는 종속접속사 : quand, lorsque, comme, dès que, après que, pendant que 등.

- Je suis retourné à la maison quand j'avais fini mon travail.
  나는 일을 마치고서 집에 돌아갔다.
- Je suis arrivée comme elle sortait. 그녀가 나갈 때 내가 도착했다.
- Nous avons commencé à dîner lorsque le film est fini.
  영화가 끝났을 때 우리는 저녁식사를 했다.

✓ 부정법

• 부정법이란 동사의 원형이 그대로 쓰이는 것을 말하며, 현재형과 과거형으로 나눈다.

[1] 형태

현재형	동사원형
과거형	avoir 또는 être 의 원형 +과거분사

현재형	aimer	finir	aller	partir
과거형	avoir aimé	avoir fini	être allé (e, s, es)	être parti (e, s, es)

[2] 사용법

1) 명사와 마찬가지로 주어 또는 속어로 쓸 수 있다.

- Mentir est une action odieuse. 거짓말을 하는 것은 창피스러운 행동이다.
- Vouloir est pouvoir. 원한다는 것은 할 수 있다는 것이다.

2) 부정법은 준조동사의 뒤에서 또는 전치사의 뒤에서 많이 쓰인다.

- Je désire vous parler. 나는 당신에게 말을 하고 싶다.
- Nous voulons partir en vacances. 우리는 여행을 떠나고자 한다.
- Vous devez conduire la voiture. 당신은 자동차를 운전해야 합니다.
- Il aide sa femme à faire le ménage. 그는 자기 부인이 청소하는 것을 돕는다.

- Elle commence à travailler. 그녀는 공부하기를 시작한다.
- Je n'arrive pas à le comprendre. 나는 이해할 수가 없다.

3) 명사 + de (à) + 동사원형의 형태로 명사를 수식하는 역할을 한다.

- J'ai envie de me promener. 나는 산책을 하고 싶다.
- Il a l'habitude de mentir. 그는 거짓말하는 습관이 있다.
- Nous avons l'intention de vous rencontrer. 우리는 당신을 만나고 싶다.
- J'ai une lettre à envoyer. 나는 발송할 편지가 있다.
- Tu as quelque chose à manger. 너는 먹을 것이 있다.
- Vous avez des questions à poser. 당신은 질문할 것들이 있다.

4) 형용사 + de + 동사원형의 형태로 진주어의 역할을 한다.

- Il est difficile de lire le chinois. 중국어를 읽는 것이 어렵다.
- Il est possible de réserver des chambres. 방을 예약하는 것은 가능하다.
- Il est nécessaire d'apprendre une langue étrangère. 외국어를 배울 필요가 있다.
- Je suis heureuse de rencontrer cet homme. 나는 이 남자를 만난 것이 행복하다.
- Nous sommes contents d'être avec vous. 우리는 당신과 함께 있는 것이 기쁘다.

[3] 주의해야할 사용법

1) 부정법의 부정은 ne ~ pas를 모두 동사원형의 앞에 둔다.

- Je suis désolé de ne pas vous écrire. 당신에게 편지를 못해 미안합니다.
- Tu es fâché de ne pas aller au cinéma avec nous.
  너는 우리와 함께 영화구경을 가지 못하는 것에 화가 나있다.
- Il est mécontent de ne pas partir en voyage.
  그는 여행을 가지 못하는 것이 불만스럽다.

2) 목적보어 인칭대명사는 그것이 관계하는 동사원형의 앞에 위치시킨다.

- Je ne veux pas vous parler. 나는 당신에게 말하고 싶지 않다.
- Tu dois lui demander des explications. 너는 그에게 설명을 요구해야 한다.
- Il faut lui donner ce livre. 그에게 이 책을 주어야한다.

✓ 접속법

• 직설법은 객관적인 사실을 나타내는 것임에 반해, 접속법은 주관적인 표현으로 머릿속에서 생각되어지는 것을 나타낸다.
• 시제는 접속법 현재, 과거, 반과거 그리고 대과거의 4가지로 나뉘지만, 일반적으로 접속법 현재와 과거를 주로 쓴다.

[1] 접속법 현재

1) 형태

je tu il/elle	-e -es -e	nous vous ils/elles	-ions -iez -ent

✓ 어간은 직설법 현재 3인칭 복수에서 -ent를 뺀 나머지 부분이다.

	aimer	finir	prendre
직설법 현재 3인칭 복수	aiment	finissent	prennent
je(j') tu il/elle nous vous ils/elles	aime aimes aime aimions aimiez aiment	finisse finisses finisse finissions finissiez finissent	prenne prennes prenne prennions prenniez prennent

✓불규칙 변화 : 다음의 몇몇 동사들은 접속법의 어간이 불규칙하게 변화한다.

	avoir	être	aller	faire
je(j') tu il/elle nous vous ils/elles	aie aies ait ayons ayez aient	sois sois soit soyons soyez soient	aille ailles aille allions alliez allent	fasse fasses fasse fassions fassiez fassent

	pouvoir	devoir	savoir	vouloir
je(j')	puisse	doive	sache	veuille
tu	puisses	doives	saches	veuilles
il/elle	puisse	doive	sache	veuille
nous	puissions	devions	sachions	voulions
vous	puissiez	deviez	sachiez	vouliez
ils/elles	puissent	doivent	sachent	veuillent

2) 사용법

a) 주절에 의혹, 감정, 의지 등을 나타내는 주관적인 의미의 동사가 있을 때, 종속절에서 접속법을 사용한다.

- Je doute que cela soit vrai. 나는 그것이 사실임을 의심한다.
- Je ne crois pas que vous ayez raison. 나는 당신이 옳다고 생각하지 않는다.
- Je m'étonne qu'il ne soit pas là. 그가 거기 있지 않다는 것은 놀랍다.
- Je veux qu'elles soient heureuses. 나는 그녀들이 행복하기를 바란다.

2) 종속절이 다음과 같은 어구로 시작할 때 접속법을 사용한다.

✓ à condition que(…한다는 조건 하에), afin que(…하도록), avant que(…하기 전에), bien que(…에도 불구하고), jusqu'à ce que(…하기까지), pour que (…하도록), quoique(…에도 불구하고) 등.

- A condition que je vienne te chercher, tu iras au cinéma avec moi.
  내가 너를 데리러 온다는 조건하에, 너는 나와 영화관에 갈 것이다.
- Je te prête mon stylo afin que tu écrives cette lettre.
  네가 이 편지를 쓸 수 있도록 네게 만년필을 빌려준다.
- Il n'est pas sot, bien qu'il ne dise rien. 비록 아무 말도 안 하지만, 그는 바보가 아니다.
- Elle finit son travail avant qu'il arrive. 그가 도착하기 전에 그녀는 일을 마친다.

3) 주절에 최상급이나 유일의 뜻이 내포되어 있을 때 접속법을 사용한다.

- C'est le plus grand homme que je connaisse.
  그는 내가 알고 있는 가장 위대한 인물이다.
- C'est l'unique femme que j'aime. 그녀는 내가 사랑하는 유일한 여자이다.

[2] 접속법 과거

1) 형태

avoir 또는 être의 접속법 현재 + 과거분사

	aimer	partir
je(j')	aie aimé	sois parti(e)
tu	aies aimé	sois parti(e)
il/elle	ait aimé	soit parti(e)
nous	ayons aimé	soyons parti(e)s
vous	ayez aimé	soyez parti(e, s, es)
ils/elles	aient aimé	soient parti(e)s

2) 사용법

• 접속법의 시제 구분 : 접속법 현재와 과거는 주절의 시제가 현재 또는 미래일 때 사용하는 것으로 주절과 종속절의 시제 관계는 다음과 같다.

주절	종속절
직설법 현재, 미래	a) 접속법 현재 (주절과 동시이거나 미래에 일어날 사실을 나타낼 때) b) 접속법 과거 (주절보다 과거나 미래 완료사실을 나타낼 때)

주절	종속절
Je doute (Je douterai)	qu'il finisse son devoir en ce moment. 주절과 동시 그가 현재 숙제를 마치리라고 나는 생각지 않는다. (않을 것이다.) qu'il finisse son devoir demain. 미래 그가 내일 숙제를 마치리라고 나는 생각지 않는다. (않을 것이다.) qu'il ait fini son devoir hier. 주절보다 과거 그가 어제 숙제를 마쳤으리라고 나는 생각지 않는다. (않을 것이다.) qu'il ait fini son devoir avant mon arrivée. 주절에 대해 미래완료 그가 내가 도착하기 전에 숙제를 마쳤으리라고 나는 생각지 않는다. (않을 것이다.)

김선미

경기대학교 불어불문학과를 졸업하고 프랑스 엑스-마르세이유 I 대학에서 언어학 박사학위를 취득하였다. 현재는 경기대학교 프랑스어문학과 전임강사로 재직 중이다.

저서로는 『언어와 언어학 이론』, 『프랑스어로 읽는 동화』, 『거리에서 배우는 프랑스어』(공저), 『DELF A1』(공저), 『DELF A2』(공저), 『난생 처음 프랑스어 쓰기』, 『매일 프랑스어 일기쓰기』, 『주제별 프랑스어 생활작문』이 있으며, 『토끼와 나』, 『몸의 시학』, 『거부할 수 없는 아름다움』(공역), 『그림형제 동화집』을 번역하였다.

쉽게 익히는 프랑스어 회화

1판 1쇄 찍음 • 2009년 3월 10일
1판 1쇄 펴냄 • 2009년 3월 20일

저 자 • 김 선 미
발행인 • 정 현 걸
발 행 • 신 아 사
인 쇄 • 예지인쇄

출판등록 • 1956년 1월 5일 (제9-52호)
서울특별시 은평구 녹번동 28-36
전화 (02)382-6411 • 팩스 (02)382-6401
홈페이지 • www.shinasa.co.kr
E-mail • shinasa@chol.com

ISBN 978-89-8396-631-5

정가 *12,000* 원